史学方法导论

蓬莱阁典藏系列

傅斯年 ／ 撰

朱渊清 ／ 导读

上海古籍出版社

图书在版编目(CIP)数据

史学方法导论 / 傅斯年撰;朱渊清导读. —上海：
上海古籍出版社，2019.5
(蓬莱阁典藏系列)
ISBN 978-7-5325-8922-7

Ⅰ.①史… Ⅱ.①傅… ②朱… Ⅲ.①史学-方法论
-中国-文集 Ⅳ.①K207-53

中国版本图书馆 CIP 数据核字(2018)第 144415 号

蓬莱阁典藏系列
史学方法导论
傅斯年 撰　朱渊清 导读

───────────────

上海古籍出版社　出版、发行

(上海市瑞金二路 272 号　邮政编码 200020)
(1) 地址：www.guji.com.cn
(2) E-mail：guji1@guji.com.cn
(3) 易文网网址：www.ewen.co

印　刷　苏州市越洋印刷有限公司
开　本　787×1092　1/32
印　张　8.625
插　页　5
字　数　142,000
版　次　2019 年 5 月第 1 版　2019 年 5 月第 1 次印刷
ISBN 978-7-5325-8922-7/K·2520
定　价　36.00 元

如有质量问题，请与承印公司联系

出版说明

　　中国传统学术发展到晚清民国，进入一个关键的转折时期。面对"数千年未有之变局"，旧传统与新思想无时不在激荡中融汇，学术也因而别开生面。士人的眼界既开，学殖又厚，遂有一批大师级学者与经典性著作涌现。这批大师级学者在大变局中深刻反思，跳出旧传统的窠臼，拥抱新思想的精粹，故其成就者大。本社以此时期的大师级学者经典性著作具有开创性，遂延请当今著名专家为之撰写导读，希冀借助今之专家，诠释昔之大师，以引导读者理解其学术源流、文化背景等。是以本社编有"蓬莱阁丛书"，其意以为汉人将庋藏要籍的馆阁比作道家蓬莱山，后世遂称藏书阁为"蓬莱阁"，因借取而为丛书名。"蓬莱阁丛书"推出后风行海内,为无数学子涉猎学术提供了阶梯。今推出"蓬莱阁典藏系列",萃取"蓬莱阁丛书"之精华,希望大师的经典之作与专家的精赅之论珠联璧合,继续帮助读者理解中国传统学术的发展与大师的治学风范。

目 录 |

导读　傅斯年的史学思想　朱渊清 / 1

史学方法导论 / 1

拟目　1

史料论略　2

第一章　史料之相对的价值　4

　第一节　直接史料对间接史料　4

　第二节　官家的记载对民间的记载　39

　第三节　本国的记载对外国的记载　43

　第四节　近人的记载对远人的记载　44

　第五节　不经意的记载对经意的记载　45

　第六节　本事对旁涉　46

　第七节　直说与隐喻　47

　第八节　口说的史料对著文的史料　58

中国历史分期之研究 / 60

致蔡元培：论哲学门隶属文科之流弊 / 71

评丁文江的《历史人物与地理的关系》 / 77

与顾颉刚论古史书 / 103

评《秦汉统一之由来和战国人对于世界的 想像》 / 145

论孔子学说所以适应于秦汉以来的社会的 缘故 / 150

评《春秋时的孔子和汉代的孔子》 / 163

历史语言研究所工作之旨趣 / 166
　　附录：《语言历史学研究所周刊》发刊 词　180

考古学的新方法 / 183

国立中央研究院历史语言研究所十七年度 报告 194
　　附录一：国立中央研究院历史语言研究所 报告第一期　221
　　附录二：国立中央研究院历史语言研究所 章程　224

导读　傅斯年的史学思想

朱渊清

　　傅斯年,1896 年出生,1950 年去世,仅仅活了 55 岁,但却是中国近现代思想学术史上一个里程碑式的人物。作为学术组织者,傅斯年对现代社会的职业分工和道德有着清晰的认识和践履,[①]他创办的史语所是中国现代学术的"路灯"和"指针"(陈槃语),在中国开创了现代的考古学、语言学、人类学等多个学科,并使这些学科迅速走向了国际。作为学者,傅斯年数目不多的论文,如《夷夏东西说》《大东小东说》《性命古训辨证》等掷地有声;他提出的"史学即史料学"是一种现代史学的方法理论,傅斯年反对传统,反对疏证,反对"史观",强调科学精神、实证主义,提倡以史料为导向进入过去事实,主张史学研究应该从事考证和考古,而免于意识形态和政治关系的干扰。傅斯年的史学方法理论形成于创建史语所、发起殷墟和城子崖等考古发掘的实践活动，《史料论略》则是其史学方法理论的系统论述。

一、实践与思想

傅斯年创立中央研究院历史语言研究所是现代中国学术的开始。史语所并列历史学和语言学，是以德意志国家研究机构为模型设立的，当时的主事者蔡元培、朱家骅、傅斯年都曾留学德国，对德国科学研究体系充满敬意。朱家骅《纪念特刊序》说，傅斯年将历史与语言并列是受德国洪堡(Karl Wilhelm von Humboldt)语言历史学派理论影响，并经过详细的考虑而决定的。许倬云探讨当时德国学术发展的方向及其背景，指出"为了解除天主教会的普世秩序，德国学者孜孜努力于建构一个日耳曼民族国家的工作，用实证史学建立俗世历史与民族历史，用语言学确认日耳曼语系的周延，用神话与民族研究追溯日耳曼民族的渊源。凡此学科的工作，当时似乎没有具体的协调，却是齐头并进，集聚学术的力量，建构了'德意志精神'的理念，由此发展出德国人强烈、浓厚的民族主义"。[②]

傅斯年创建史语所将历史与语言并列，还有对法国汉学成功经验的继承。顾颉刚晚年回忆，"傅在欧久，甚欲步法国汉学之后尘,且与之角胜"。五四时期西方汉学尤其是法国汉学研究给了中国学人深刻的影响。北大《国学季刊》发刊时刊登了伯希和(Paul Pelliot)1911年就任法兰西中亚历史考古学讲座时的讲演辞《近日东方古言语学及史学上之发明与其结论》。伯希和指出,由于古物学和古语学的复兴改变了原来中亚史研究仅仅根据文献典籍的状况,因此取得了长足的进展。这篇演讲辞是王国维在1919年翻译的,王国维称此文"实举近年东方语学文学史学研究之成绩,而以一篇括之"。傅斯年对伯希和和另一位巴黎学派代表人物、瑞典的高本汉(Bernhard Karlgren)十分敬佩,为汉学取得的成绩所激励,他立意要建立"东方学"以取代"国学"和"汉学",要使中国成为"科学的东方学之正统"。

傅斯年在留学归来之时,就有联结语言和历史两门学科的学术理想,欲以文献考据与语言学研究为历史学研究之共同基础,寄希望振兴历史学以抗衡西方日兴的汉学。1927年8月,归国不久的傅斯年就在中山大学创办"中山大学语言历史研究所",《研究所周刊》的《发刊词》强调,语言学和历史学在中国所有学问中成绩最丰富,应该承受现代研究学问的最适当的方法。语言历史学正和其他自然科学同手段,所差只是一个分工。我们要实地搜罗材料,到民众中寻方言,到古文化遗址中发掘,到各种的人间社会去采风问俗,建设许多的新学问。

傅斯年很快就得以在国家最高科学研究机构中推行自己的理想。1928年1月,傅斯年向蔡元培建议在中央研究院下设立历史语言研究所,不久国民政府批准筹办。1928年9月,傅就任中央研究院历史语言研究所所长,10月史语所在广州正式宣告成立。

1928年5月,傅斯年撰写《中央研究院历史语言研究所工作之旨趣》,10月该文以研究所筹备处名义刊登在《历史语言研究所集刊》第一本第一分册上。《旨趣》确定了史语所的工作方向、研究方法,也反映了傅斯年的史学思想概要。

在这篇宣言中,傅斯年首先指出历史学和语言学都是很近才在西方发达起来的。历史学不是著史,著史每多多少少带点古世中世的意味,且每取伦理家的手段,作文章家的本事。近代的历史学只是史料学,利用自然科学供给我们的一切工具,整理一切可逢着的史料,所以近代史学所达到的范域,自地质学以至目下新闻纸,而史学外的达尔文论,正是历史方法之大成。他又说到产生于18、19世纪之交的语言学的发展,已蔚为大观。"本来语言即是思想,一个民族的语言即是这一个民族精神上的富有,所以语言学总是一个大题目,而直到现在的语言学的成就也很能副这一个大题目。"然后他指出中国的历史学、语言学本来发达很早,但近代以来却落伍了。

傅斯年认为就建立科学的历史学、语言学而言,判定学科进步的标准是:

1. "凡能直接研究材料,便进步。凡间接的研究前人所研究或前人所创造之系统,而不繁丰细密的参照所包含的事实,便退步。"

2. "凡一种学问能扩张他研究的材料便进步,不能的便退步。"

3. "凡一种学问能扩充他作研究时应用的工具的,则进步,不能的,则退步。"

据此三条标准,傅斯年提出:

1. "保持亭林百诗的遗训",就是"照着材料的分量出货物","利用旧的新的材料,客观的处理实在问题,因解决之问题更生新问题,因问题之解决更要求多项的材料"。

2. "扩张研究的材料"。

3. "扩张研究的工具"。并声明:(1) 反对国故。(2) 反对疏通。只要把材料整理好,则事实就自然显明。(3) 反对普及。史语所是科学研究机构,用不着诱导别人爱好它。

1929年6月,史语所迁入北京。史语所成立初,分八个组(《旨趣》上拟分九组):史料学组、汉语组、文籍校订组、民间文艺组、汉字组、考古学组、人类学名物组、敦煌材料研究组。1929年6月,合并保留三个组:历史组(第一组)、语言组(第二组)、考古组(第三组),后来又成立了人类学组(第四组)。史语所的创立,是"无中生有的志业"(杜正胜语)。在实证求真的科学精神引导下,史语所网罗培养了一大批优秀的学者,[③] 短短20年,就享誉世界学林。到傅斯年去世为止,史语所共印行专刊30种,单刊25种,集刊22种,《史料丛书》7种,《中国考古报告集》2种,《人类学集刊》2卷。《史语所研究集刊》最为学界所重,共发表论文448篇。

史语所语言组以现代语言学彻底替代了传统的小学。传统的文字、音韵、训诂本来只是"小学",是经学的附庸,只能说是语文学(philology),而不是语言学(linguistics)。[④] 一直到民国初年,章黄学派的研究始终还是囿于《成均图》、"一声之转"的旧方法中。傅斯年对这种旧学作了尖锐批评,批评章太炎在文字学以外不过是个文人;而在文字学以内,章太炎不仅不如研究甲文的孙诒让、研究金文的吴大澂,甚至不如阮元。因为章太炎不仅自己不使用新材料,还抹杀别人使用新材料。李方桂后来承认他的研究起始于实在看不过章黄学派那种不科学的研究方法。⑤傅斯年对语言学有这样的识见，是因他在柏林期间对梵文、藏文、缅甸文等下过功夫。⑥傅斯年认为语言学所要研究的对象是中国境内的各种语言，他开列史语所语言研究对象包括汉语、西南语、中央亚细亚语、语言学。语言组在赵元任、李方桂领导下，在全国范围内进行了广泛的语言和方言调查，对湖北、湖南、江西、福建、广东等进行了全省性的汉语方言调查，对广西、贵州、云南、四川等地的僮侗语、苗瑶语、藏缅语等少数民族和其他语言进行了调查。并在南京北极阁建立了语言实验室。比较语言学在非汉语研究方面成就最为显著，不仅成就远超清儒，且在国际上可比肩高本汉和马伯乐（Henri Maspero），在藏文、西夏文、汉藏比较领域成绩显著。在侗台语方面，李方桂是开创者和集大成者。赵元任、李方桂还开启了中国结构主义语言研究方法。⑦傅斯年本人尤其重视语言在历史研究中的作用，他虽然没有能够完成对语言学、历史学之间关系的论证，但是他的《性命古训辨证》是一种可贵的努力，虽然这种努力还只能局限于思想史，实际上还是乾嘉皖派训诂的延续。

傅斯年要把史料学做成史学的"中央主题"，傅斯年将史语所同道称为中国的兰克学派。史语所强调新史料的开掘和利用，极度重视原始资料,对于原始档案资料的搜集整理不遗余力。李济说,傅斯年告诉史语所同仁一个原则就是找新材料,大家始终坚持这条原则。傅斯年的口号是:"上穷碧落下黄泉,动手动脚找东西。"李济回忆,史语所最初创办的时期,傅斯年全力鼓吹并奖励在所的工作人员扩张研究的材料,他的两句脍炙人口的标语初看是漫无限制的,不知由何处开步,从何处着手,不过在很短的时间,他就为第一组找到了内阁大库的档案,指定了汉简与敦煌材料的范围;为第三组划定了安阳与洛阳的调查。二十年来的工作充分地证实了作这些决定的远见。在他的号召和指导下,史语所抢救收集了大批濒危的文献历史资料,发掘了众多珍贵的地下历史材料,开创了一代学术的新风。

史语所处置材料则存而不补,证而不疏,整理资料时排除任何主观的影响,重视对各种史料的校勘比对。历史组的工作重心是整理清内阁大库档案和整理校勘《明实录》。清内阁大库档案是清政府藏于内阁大库中的明末至清代的诏令、奏章、则例、贺表、案卷、实录、殿试卷和各种册簿等。⑧ 1929 年 9 月,傅斯年筹划组织"历史语言研究所明清史料编刊会"。历史组在清理、分类、编目的同时,还刊布印行《明清史料》。傅斯年在与吴丰培等人商议后决定史语所历史组着手《明实录》校勘整理工作,⑨ 傅斯年参与校勘《太祖实录》38 卷。此外,史语所购得金石拓片 25 000 多张,33 800 多卷;刘半农继续搜集俗曲本子和敦煌卷子;劳榦则对汉晋竹简,尤其是居延汉简进行整理。

史语所最大的成绩就是殷墟发掘。1899 年起在河南安阳地区出土的有字甲骨吸引了罗振玉、王国维等参与研究。仰韶村遗址出土的陶制鼎、鬲使中国的历史学家和金石学家们认识到田野考古确是研究中国古物的关键。傅斯年对于西方地质学、考古学有认识,他的观点显然高明,在傅斯年看来,金石学家手中的古器物因为离开了它们的地层,其科学性、可靠性就降低,金石家所注意的只有刻辞铭文,就限制了考古学的范围。现代考古学应该去古遗址实地发掘,要把古人活动的所有遗迹都囊括在研究范围中。1929 年,在殷墟发掘开始时傅斯年就作《考古学的新方法》的演讲,对殷墟地层进行了分析,指出除了器物,人骨测定、房屋、铜器模型、安葬方法都值得研究。傅斯年认为,考古学是研究古史最好的入手方法,考古学的价值在于文化的意义。[⑩]

1928 年 5 月,傅斯年代理中央研究院历史语言研究所所长,立刻就派董作宾去出土甲骨卜辞的安阳进行调查,并最终选定发掘安阳殷墟。同年 10 月,董作宾进行了安阳第一次发掘。1929 年春,李济开始主持对安阳的第二次发掘,董作宾协助参加。董作宾通过对甲骨刻辞及甲骨出土坑位以及共出的遗迹、遗物状况的研究,认定《竹书纪年》相关记载完全正确,小屯一带作为盘庚到帝辛的晚商都城从此被确定下来。从 1928 年 10 月开始到 1937 年夏,考古组共对安阳殷墟进行 15 次发掘,总面积 46 000 余平方米,其中 12 次是对小屯一带的发掘,3 次是对侯家庄西北岗王陵区的发掘,另发掘洹水西岸的范家庄等遗址 12 次。在小屯北地有 53 座宫殿基址出土,其附近还发现了大量甲骨,尤以乙十二基址旁埋葬着 17 096 片刻字甲骨的 YH127 坑最为出名。小屯村北约 1 公里处的武官村、侯家庄北地出土了商代王陵区,包括 10 座大墓及一千多座祭祀坑。梁思永在小屯村东南约 1 公里处高楼庄后岗的发掘中确认了仰韶、龙山和小屯三种文化层的叠压关系,解决了华北地区这三种古文化的相对年代。后岗还出土了殷代大墓。殷墟其他地区,如大司空村等地出土了一批殷代墓葬。殷墟发掘和李济主编的《安阳发掘报告》,对中国考古学的意义在于:第一,首创地层学和考古学文化的研究。第二,首创陶器定名以及遗物的分类研究。第三,首创考古专题研究。第四,首创田野考古作业制度。基本确立了一套完整的田野考古作业的法则。[11]

考古组 1930 年转向发掘山东章丘城子崖,该项目也出于傅斯年的倡议和组织。傅斯年认为中国古代文化是多元的,起源多处并相互影响,所以想在文献资料之外,通过田野考古找到直接可靠的证据。殷墟发掘之外,考古组先后组织山东古迹研究会在山东章丘县龙山镇城子崖,滕县安上村、曹王墓、王坟峪,日照县王屋村、大孤堆发掘,还组织河南省古迹研究会发掘浚县刘庄、大赉店、辉县琉璃阁、毡匠片,巩县塌坡、马峪沟等多处遗址。另外,在中央古物保管委员会名义下,史语所还勘测了李三孤堆楚墓并调查了淮河流域多个遗址,董作宾、梁思永、石璋如还指导了浙江杭县良渚镇新石器时代遗址的发掘。

傅斯年不是考古学家,但对中国考古学的建立及其定位有着深刻的影响。中国考古学从开创伊始就形成了鲜明的历史研究的特色和风格。傅斯年在殷墟发掘之初所作演讲中指出:"考古学是史学的一部分","在史学当中是一个独异的部分"。为历史的考古学实际上更是中国考古学的基本理念和取向,这种理念和取向根源于这块土地上悠久传承的丰富文化和历史知识的积淀,强烈的活的民族情感和民族精神始终支撑着中国考古学家的工作。

中国考古学的出现和现代史上的民族主义运动有关。有些外国学者将仰韶文化彩陶的源头向近东文明方向去追溯,中国学者则更重视中华民族文化的本源。山东城子崖的发掘就是民族主义思想指导下的产物,当时的学者迫切地希望找到仰韶和安阳之间的文化缺环。城子崖出土的黑陶不同于仰韶文化的彩陶,证明了本民族独立的文化渊源。1954 年,针对 C. W. Bishop 的研究结论"中国早期的文化,不是来自西方,就是来自北方,没有任何成分是中国人自己发明、发展的",[12] 李济发表题为《中国上古史重建工作及其问题》的讲演,总结殷墟考古成就,指出除甲骨文字以外,用烧裂的骨头占卜、养蚕和某些特定的装饰风格都是起源于中国的文化,"这三件东西,整个来看,代表一种自成一个单位、具有本体的文化"。

通过创办史语所、倡导殷墟发掘的实践活动,傅斯年进一步将《旨趣》中的一些思想予以理论提升,《史料论略》是傅斯年史学方法理论的充分阐释和总结。[13]"史学即史料学"标志了中国现代史学方法理论的建立。

史学是史料学的思想方法,实际上就是历史学近代科学化的标志。意大利史学家莫米利亚诺(A. Momigliano)说:"历史研究的整套近代方法,奠基于原始史料与转手史料的划分此疆彼界。所谓原始史料,为目击者的陈述、文献(documents)以及实事自身的遗存,数者皆与事件同时。所谓转手史料,为史学家或编年家论述彼等所未及亲见的事件,仅凭传闻或直接或间接的参稽原始史料而来。称颂原始史料，为其真实可靠。称颂非当代的史学家——或转手史料——为其对资料的解释与评价公正。"傅斯年在《旨趣》中明确要求"不谈史观，乃纯就史料以探史实"，并说这在中国是司马光以至钱大昕的治史方法，在西方这是兰克、蒙森的著史立足点。至于如何整理史料，傅斯年说："假如有人问我们整理史料的方法，我们要回答说：第一是比较不同的史料，第二是比较不同的史料，第三还是比较不同的史料。""说到整理，除了对史料进行比较没有另外法子。"

在《史料论略》中，傅斯年详细列了用作史料比较的八对不同性质关系。

1. 直接史料对间接史料。

2. 官家的记载对民间的记载。

3. 本国的记载对外国的记载。

4. 近人的著述对远人的著述。

5. 经意的记载对不经意的记载。

6. 本事对旁涉。

7. 直说与隐喻。

8. 口传的史料对著文的史料。

在上述八对关系中，直接史料对间接史料的内涵和区分界线迥然不同于后述七对关系,具有方法论的本质意义。根据傅斯年的定义,凡是未经中间人手修改或省略或转写的,是直接的史料;凡是已经中间人手修改或省略或转写的,是间接的史料。在傅斯年看来,直接材料比较可信可靠,间接材料因转手的缘故容易被人更改或加减,但有时某一种直接材料也许是孤立的,是例外的,而有时间接材料反是前人精密归纳直接材料而得的。直接材料每每残缺,每每偏于小事,不靠较为普遍、略具系统的间接材料先作说明,就不能了解这件直接材料,所以必须靠间接材料"做个预备,做个轮廓,做个界落"。如果不先对间接材料有一番细工夫,这些直接材料的意义和位置也是不知道的。但是直接材料虽然不比间接材料全得多,却比间接材料正确得多。所以,"一旦得到一个可信材料,自然应该拿它去校正间接史料。间接史料的错误,靠它更正;间接史料的不足,靠它弥补;间接史料的错乱,靠它整齐;间接史料因经中间人手而成之灰沉沉样,靠它改给一个活泼泼的生气象"。

傅斯年主张为了探索历史真相,必须不断开拓历史研究的资料来源。史语所的实践特别重视原始史料的发掘,而且在此思想指导下的史语所在创立之初就取得了殷墟发掘的巨大成就。傅斯年在申请发掘殷墟的报告中说:"此次初步试探,指示吾人向何处工作,及地下所含无限知识,实不在文字也。"

傅斯年的理论彻底突破了王国维"二重证据"所理解的"地下资料"的范围。王国维理解的地下材料基本上是指刻有文字的甲骨、金文等,它们来源虽不同于传世文献,但都是文字记载。而傅斯年赋予"直接史料"以更广的内涵。"假如一件事只有一个记载,而这个记载和天地间一切其他记载(此处所谓记载,不专指文字,犹史料之不以文字为限)不相干,则对这件事只好姑信姑疑,我们没有法子去对它做任何史学的工夫。假如天地间的事都是这样,则没有一切科学了,史学也是其一。"傅斯年特别注明对于事件的"记载""不专指文字,犹史料不以文字为限"。除了甲骨彝鼎等刻有文字的材料之外,傅斯年理解的"直接史料"还包括考古实物,如陶器、铜器、房屋及前人所制造和使用的其他器物。"古代的历史,多靠古物去研究,因为除古物外,没有其他的东西作为可靠的史料。"傅斯年理论在当时的意义在于,它在完全封闭的文字记录的文献资料之外,勇敢地去探寻过去文化的现实遗存,并将所有这些对象资料全部归置于他所致力于建设的历史学的领域之中,以记录文本对应于过去无限信息的求证,这是对王国维史学研究经验方法的理论提升。

傅斯年的史学方法理论受王国维的影响。王国维的学术研究摆脱了传统的古文献学和金石学的框架,地上、地下资料成了互相印证研究历史的资料。对于王国维来说,他所追求的根本不是文献文本的校订互证,无论是简牍的实物形制、青铜器确定的出土地点,还是刻有卜辞的甲骨的实际用途,他都是在竭尽全力地去捕捉过去存留的各种信息,超越文献文本的束缚,而把目光投向过去发生的事实。二重证据法是王国维作为一个近现代的历史研究者而不是传统的古典考据学家提出的。[14]

傅斯年开拓新史料还有一个关键的中介就是顾颉刚的“古史辨”疑古史学。古史辨运动反对六经,摧毁儒学体系,推动学术走向民间,提倡扩大史料范围到民俗歌谣。“古史辨”疑古史学提出“一切历史都是层累伪造”,是彻底的反文本的革命。中国历史学从文本考据到追求历史事实的现代性突破根本上是由古史辨派的彻底反文本而瞬间完成的,直如禅宗的“当头棒喝”,痛快淋漓,不假任何假设推理反驳。从王国维“二重证据法”开始到傅斯年“史学即史料学”方法理论和重建古史,古史辨运动恰是其中至为关键的转折。没有古史辨“层累伪造”的理论,彻底粉碎儒学层层粉饰的古史旧体系,就完全谈不上超越文本的古史重建,傅斯年的重建古史建筑在古史辨派完成的对文本的彻底破坏基础之上。[15]

二、理解与批评

从傅斯年的实践工作以及《旨趣》、《史料论略》等著述中,我们勾勒了傅斯年史学思想的大致轮廓。"史学即史料学"命题是一种现代史学方法的提出,但傅斯年缺乏有效的核心概念,并用以推演至涵括其宽广丰富的史学思想,傅斯年并没有真正建立起自己完整严密的史学理论体系。傅斯年是中国现代史学的开创者,他的史学方法理论具有开创现代史学的最宝贵价值,值得深入地发掘理解。在今天的知识背景下,笔者尝试对傅斯年的史学方法理论作一些有建设意义的批评和修正。

1. 关于科学思想

傅斯年对乾嘉朴学充满敬意,他认为清代的学问是对宋明学问的一种反动,很像西洋文艺复兴时代的学问,正对着中世的学问而发,可称之为"中国的文艺复兴时代"。他以为,宋明的学问是主观的、演绎的,是悟的、理想的、独断的;而清代的学问是客观的、归纳的,是实证的、经验的、怀疑的。清代的学者是"本着亲历实验的态度,用着归纳的方法,取得无数的材料,翻来覆去,仔细考索,求异求同",[⑯]"很有点科学的意味,用的都是科学的方法"。[⑰]但是,傅斯年又以为,整理国故"若直用朴学家的方法,不问西洋人的研究学问法,仍然是一无是处,仍不能得结果"。所以要研究国故必须引进西方的"科学的主义和方法",二者应是"一和百的比例"。[18]乾嘉学者最堪自豪的语文学成就也始终不能发展出现代语言学,所以傅斯年说乾嘉朴学还不是真正的"西洋方法"、"科学主义和方法"。

傅斯年留学欧洲英国、德国长达七年,接受数学、心理学、物理学等现代科学训练。但傅斯年肯定清代学者的归纳方法,而批评宋明学者的演绎方法,他认为的史学就是"史料编辑之学",[19]只要不断地开拓新史料,非常奇特地表现出综合归纳式思维。其中固有传统文化和国学背景深厚的原因,更与傅斯年对统计学有特殊偏好直接相关,傅斯年在中山大学承担的课程是《统计学方法导论》,在《史学方法导论》中有《统计方法与史学》的拟目。乾嘉考据学不是现代科学,根本原因在于乾嘉朴学使用的不是演绎推理,而是综合归纳方式,归纳无法推理而产生系统新知,也难于接受批评校正。傅斯年未刊稿《中西史学观点之变迁》中言:"近代史学,史料编辑之学也,虽工拙有异,同归则一,因史料供给之丰富,遂生批评之方式,此种方式非抽象而来,实有事实之经验。"[20]"因史料供给之丰富",如何"遂生批评之方式"?有唯科学主义倾向的傅斯年却未能加以说明。

傅斯年反对疏证，反对史观。无论是传统经学的疏证，还是唯物主义的史观，针对的都是被抽象的价值而不是事实。对于传统文化，是圣人设定的关于总体文化的"道"、"理"在前，为六经疏证，"求的是孔二先生、孟老爹爹的真话"。"所以他要求诸六经，而不要求诸万事万物"。㉑傅斯年反对"国故"，并坚决反对复兴国学。㉒对于唯物史观，是马克思关于整体历史的"客观规律"在前，应用整体历史的"客观规律"来解释历史现象。傅斯年说，"历史这个东西，不是抽象，不是空谈"，㉓傅斯年不赞同"史观"，他在《史料论略》中主张，"史学的对象是史料，不是文词，不是伦理，不是神学，并且不是社会学。史学的工作是整理史料，不是作艺术的建设，不是做疏通的事业，不是去扶持或推倒这个运动，或那个主义。"傅斯年认定，"历史学不是著史：著史每多多少少带点古世中世的意味，且取伦理家的手段，作文章家的本事"。㉔实际上，历史只有无限的、具体的过去事实，根本无法抽象出所谓规律来，历史的主体是创造文化的人，而不是外在的规律。只有历史具体事实的真，不存在关于人类整体历史的超越文化的所谓真理。

20 世纪初，帝国崩溃，经学没落，史学因为可以"经世致用"而被赋予了往昔经学的使命，㉕中国学人表现出易于接受社会发展规律的整体历史观，处于民族文化存亡之际，民族主义的盛行也促进了社会进化论思想的传播,中国史学社会科学转向。唯物史观的社会进化论被尊奉为唯一的放诸四海而皆准的历史规律,是历史具有整体性以及认识整体历史的"神目观"造就的。历史学走"社会科学"或"国史"(正史)的路,就不可避免化约论、目的论、决定论的危险。⑳ 20世纪20年代到30年代,梁启超、胡适、傅斯年等开始讨论历史研究法,这是在历史科学研究中彻底放弃信仰"规律",致力于切实地探寻各种有效的研究方法以理解过去无限的、具体的事实。但处于紧迫社会行动的革命热浪之下,这个有科学进步意义的转变并没有完成。

傅斯年的思想是科学实证主义,㉗他坚持"有一分材料出一分货,十分材料出十分货,没有材料便不出货"。史语所工作始终致力于建立中国的科学的历史学。㉘傅斯年对集兰克学派史学方法之大成的伯伦汉(Ernst Bernheim)的《史学方法论》,曾反复阅读,以致这部书被翻烂不得不在1937年重装。兰克(Leopold Von Ranke)以为历史研究承担的责任只是揭示"往事的真相"(wie es eigentlich gewesen; what actually happened, how things actually were)。兰克学派的要旨是:高度重视第一手资料,用审查、批判的眼光对待史料,强调据实直书的态度,提倡要弄清提供史料者的身份、性格、环境等,然后确定其价值的方法。

傅斯年强调:"上穷碧落下黄泉,动手动脚找东西。"许冠三以为这句话可能典出英国史家屈维廉(G. M. Trevelyan),"Collect the facts of the French Revolution! You must go down to Hell and up to Heaven to fetch them."㉙但显然,这句话的真义不在于"上""下"去的地方,而在于动手去做。傅斯年归国前的一本笔记本其中有言:"若不去动手动脚的干——我是说发掘和旅行——他不能救他自己的命。"王汎森认为这就是"上穷碧落下黄泉,动手动脚找东西"的初稿。㉚这句话的语义"动手动脚的干",即发掘和旅行。再进一步,"找东西",找的是各种各样的"东西",不管是发掘和旅行,都是摸索寻找的,并没有指定最终唯一的目的地。从这里我们看到傅斯年的科学求真是要求不断地尝试,去寻找各种新材料,这个思想其实很接近实用主义哲学,即科学是可错的、猜想性的知识,㉛科学知识是因为人类积极的探索试验而不断增长的。

2. 关于"史料"

"史学即史料学"对历史研究有着向各种信息开放的极为有利的一面,这种开放,是史学现代化的表现,也促使了中国考古学的形成,并且实在提供了证明过去历史事实存在的物质遗存及丰富信息。成熟的现代考古学更提供理解人类过去的社会和文化的独立的视角。但傅斯年这个方法理论本身存在着缺陷。傅斯年自己对此有所意识,他一面主张运用考古成绩做治史的材料,一面则揭示考古只是局部,关照全体仍必须靠文献材料。对王国维运用甲骨文整理出来的商代世系,傅斯年说:"假如王君不熟习经传,这些材料是不能用的;假如熟习经传者不用这些材料,经传中关涉此事一切语句之意义及是非是不能取决的。"[32] 傅斯年对自己的"史料"的问题有所意识,并在历史研究中尽可能地予以使用的约束。虽然局部和全面、偶然性和概要性等等可以视为考古资料和文献资料的一些区分指标,但两者的实质区别并非在此。

傅斯年虽然已经敏感地意识到历史文献资料的语言属性,但处在当时的知识状态下,刚起步的考古发掘完全沉浸于有文字的殷墟卜辞,对考古学本身的性质还未作深入思考,在"史料"这个概念下也无法建立考古资料和文字资料的相互关系。如果作为历史学研究对象的"史料"从文字文本无限扩展到任何实物及相关信息,并且,就在"直接史料"这层意义上,等同使用考古物质遗存与原始档案来研究历史,那么,"史料"这个概念本身就已不再是可以分析的概念工具了。傅斯年这样的"史料"观,一直到70年代法国年鉴学派的"新史学"还在提倡,勒高夫说:"一个统计数字、一条价格曲线、一张照片或一部电影、古代的一块化石、一件工具或一个教堂的还愿物,对于新史学而言都是第一层次的史料。"③历史研究的是事实变化之过程,这种一去不返的唯一的"真"只存在于经历事实并得以实时认知记录的原始记注,所有的物质遗存只能呈现物体自身存在的性质,而无法表述事实变化的过程。没有原始记注关于真实"事件"的叙述,考古遗存完全无法自主描述"事件"过程。历史知识的基础始终是文字的叙述文本。文字文本材料和非文字文本材料是异质的,对于作为原子事实的历史的"事件"而言,非文字文本材料能够提供促进这种知识增长的无限信息,但却始终不能独立构成历史知识本身。对于历史研究,叙述事件的文字文本和物质遗存及其他信息完全不等价。傅斯年比附性地把考古发掘的物质遗存和原始档案并列作为直接史料,以笔者现在看来是个自行消解"史料"概念的错误。

傅斯年要扩张史料到一切范围,这个范围当然包括语言文字本身在内的各种文献资料。在《旨趣》中,傅斯年说:"近代的历史学只是史料学,利用自然科学供给我们的一切工具,整理一切可逢着的史料,所以近代史学所达到的范域,自地质学以致目下新闻纸。"傅斯年承认语言学和自然科学一样,能够为历史学提供工具。在具体到研究学问必须工具的进步问题时,傅斯年专门讨论了语言学,他认为中国历来研究音韵学的学者都审不了音,西洋人知道梵音，所以容易入手，中国人本没有这个工具，又没有法子。西藏、缅甸、暹罗等语，实在和汉语出于一语族，将来以比较言语学的方法来建设中国古代言语学，取资于这些语言中的印证处至多，没有这些工具不能成这些学问。傅斯年的这个说法很值得注意。语言不仅本身是研究的资料，而且傅斯年还将语言比较作为了研究的工具。语言比较工具表明傅斯年心目中真正的区别和研究的对象是文化。

3. 关于历史学和语言学的关系

傅斯年做《性命古训辨证》，是试图证明历史学和语言学关系的一个努力，但傅斯年的这项研究"用语学的观点所以识性命诸字之原，用历史的观点所以疏性论历来之变"，仅仅是思想史研究。

傅斯年研究过丢勒的《形式逻辑》、耶方斯的《科学原理》，对于字和词区分清晰。尤其重要的是，傅斯年对乾嘉吴派惠栋通过"求古"而求真与皖派戴震重视"裁断"而"求是"的不同和短长，曾有非常精彩的辨析，"清代朴学家中惠栋、钱大昕诸氏较有历史观点，而钱氏尤长于此，若戴氏一派，最不知别时代之差，'求其是'三字误彼等不少。盖'求其古'尚可借以探流变，'求其是'则师心自用者多矣"。㉞

　　十分可惜的是,在接近历史学和语言学关系问题之症结处,傅斯年止步了,《性命古训辨证》使用的还是乾嘉皖派语词训诂的方法。作为被抽象的价值,词汇概念所表述的观念当然是思想史研究的好对象,[35]但是,概念名称在历史文化的变迁中、在不同的使用者中是在转移、扩张、分离,发生着各种变化的,对于追求事实之真的历史学研究来说,概念分析确认的困难不言而喻。文本意义的基本单位不是概念而是命题,命题由一个或一组内部逻辑结构的陈述句所构成。命题是句子的谓述与真之间的关系,如果不理解谓述,我们毕竟不理解任何句子是如何工作的,因此也就不能说明语言可表达的最简单的思想结构。傅斯年无法用《性命古训辨证》来证明历史学和语言学关系,根源于没有受到分析哲学的训练。更深层次说,傅斯年的思维方式是综合归纳的而不是分析演绎的。

　　乾嘉吴派和皖派都是囿于经学的考据学,两派的区别,在于吴派从事的基本是文献学研究,皖派从事的基本是语文学研究。在笔者看来,皖派倾向于把"真"建筑在语词,吴派倾向于把"真"建筑于句子。[36]

　　历史学研究过去的事实,语言学研究句子的形式,两者之间的联结点在于确定一个事件为"真"的命题陈述。历史研究是为了解人在过去的社会行动而展开的研究。过去的行动事实是用陈述句表达的,而不是可用"应该"引领的祈使句、命令句,也不是感叹句。历史研究的初始基本单位是事件。事件由在现实生活中感知记忆并实录了事态变化或发生过程的历史记注者所定义,历史记注是关于社会行动事实的实时记录。事件由这样三项所共同决定:(1) 人的社会行动;(2) 记注者的实时记录;(3) 前两者共处的文化所赋予的真实意义。事实的真,是由共享同一种语言的行动者和记注者的文化所赋予的。原始实时的记注是该文化确定的意义的真,在人类文化中,我们视原始记注的事件和事件的意义为同一,记注的语言和所记注的言语行为最紧密关联。依靠理解而认识的我们再也不能更进一步地质疑它们之间的联结,分离它们就意味着彻底反对我们用作表征同时也用以思维的语言,而成为完全的神秘主义者。

虽然往事已逝,但记注在文化中传递了意义。笔者相信对历史事件的"真"的研究就是对它所存在的文化的理解。若某一语句为真,则必定存在某种与之相应的事实,否则它就没有意义。如果我们宣称某一语句表达了事实陈述,而不了解当该语句为真时的实际情况可能如何,那么,这一语句(对我们来说)就是无意义的。历史研究者从文献文本中寻找、萃取出原始记注的事件,并将记注放到其所生成的文化的意义之网中予以深入的理解,探索事实真相,就是理解文化。由于语言意义的文化传递,这种理解成为可能。历史研究是科学批判的文本考据和阐释性的文化理解的交叠不断的深入。

人类历史并不是事件因果相连的线性联系,而是绵延的文化之网。历史学家安置串联各种事件、建立自己假设的形形色色的长时段历史,目的正是叙述自己对历史的理解。在年鉴学派看来,"事件"应该让位给社会、经济、心灵的深刻历史。不存在整体的唯一的历史,也没有观察所有事件的上帝之眼,长时段历史撰述的意义在于对人类知识谱系的无限探索。历史撰述是历史研究者选择对象事件进行研究的心理和知识背景,历史研究的无数新成果则被不断出现的新的历史撰述吸收安置。历史研究和历史撰述互为基础,不断增进人类的历史知识。

4. 关于考古学

考古学提供了历史学作为知识存在的独立证明。[37] 考古学独立发展了判断历史遗迹和遗物的先后关系秩序的考古学年代学,依靠地层学和类型学,考古学建立起遗迹和遗物的相对年代,而利用现代科技手段测定考古发掘物更可以测得考古遗存的绝对年代。由此,在历史学依靠文献记载和历法学研究之外,考古学独立建立了关于过去历史年代的新标尺,提供了历史"时间"最有力的实证支持。

傅斯年认识到,"中国人考古的旧方法,都是用文字做基本,就一物一物的研究。文字以外,所得的非常之少。外国人以世界文化眼光去观察,以人类文化做标准,故能得整个的文化意义"。[38]建立在物质基础之上的"文化"这个概念正是考古学最伟大的贡献。[39]在科西纳(G. Kossinna)提出的考古学文化概念的基础上,柴尔德(V. Gordon Childe)将"考古学文化"系统运用于考古学分析,《欧洲文明的曙光》运用"考古学文化"作为一个基本单位来从时空上编排考古学材料,利用文化遗存来建立一个地区文化发展的历史,成为考古学上的一场革命。

发掘过去的遗物是考古起始时的工作。遗物是古代人类遗留下来的各种生产工具、武器、日用器具及装饰品等,一般都指经过人类有意识的加工和使用,反映了古代人类的活动。傅斯年说:"周朝钟鼎文和商代彝器上所刻的文字去纠正古史的错误,可以显明在研究古代史,舍从考古学入手外,没有其他方法。"[40]"我们从陶器的变化可以知道古代文化的变迁,所以沙锅陶器等等,是研究古史唯一的好史料。"[41]遗物并不是语言文字提供的认知线索,而是关系人类过去生活的物质遗存。在特定区域的考古学文化的同一地层中,物质遗存及其组合关系提供了一套关于人类文化行为的符号系统,对这套符号系统的深入研究和解释可以理解这个特定的文化,理解这个文化中的人及其社会行为,理解文化的价值观和信仰。

考古发掘揭露出来的是古代文化的地层。这个地层中的物质遗存是真实的历史遗存物。傅斯年虽然不是考古学家,但对考古学还是相当理解:"古代史的材料,完全是属于文化方面,不比现代材料,多可注意于人事方面,因为文化史,特别是古代史的着意点,不是单靠零碎的物件,一件一件的去研究,必定有全部的概念方可。用一件一件的东西去研究,固然有相当的结果,所得究竟有限,况其物的本身,间有可怀疑之处,所以应当注重整个的观念。"㊷文化,究其本质是借助符号来传达意义的人类行为。语言、人造物和技术,是文化的不同符号系统。文字记录了语言,工具物化了技术,考古遗存的人造物组合也独立构成文化符号系统。

殷墟发掘从开始时收集有字甲骨到收集各种遗物,并从遗物收集渐渐转向对遗迹的关注。最初的殷墟一次、二次发掘都只是以点为单位的挖坑,在遗迹方面难有收获,在第十三、十四、十五次发掘中,揭露的基本单位是完整的遗迹现象,无论是窖穴、墓葬还是基址,都是找出整个轮廓后予以整体发掘。以 10 米见方为一个小单位,40 米见方为一个大单位,在每个大单位中央安置一架平板仪和一条 30 米长皮尺,发掘中如有重要遗物出土均直接绘入总图。这三次发掘总面积 12 000 平方米,前九次殷墟发掘总8 000 余平方米。中国最早的田野考古发掘,是按深度计层划分层位的,这样的方法不利于揭示堆积间的关系。董作宾主持的殷墟第一次发掘配备了测绘员,绘制了殷墟附近及发掘分布图、发掘殷墟分坑次平面图,并有简单照相,对收集物造册登记。李济批评就地掘坑,直贯而下,只重视有字甲,地图简略,地层紊乱。㊷李济主持的第二次发掘虽然注意地层,但也只是细化了出土物和地层资料记录,扩大遗物收集范围,并没有本质改进。1931 年梁思永主持安阳后冈发掘时改变了过去的水平层位法,而去揭露自然层的叠压状况。在这次发掘中,梁思永根据土色掌握了单纯的"仰韶文化"的堆积。在整理过程中,他又清除了混入晚期地层中的早期遗物,使各时期遗存的本来情形准确清楚地显示了出来,正确地解决了堆积实际存在的层位关系问题,使考古学获得了一个可靠的科学基础,标志着现代考古学在中国的建立。

遗迹是古代人类通过各种活动遗留下来的痕迹,包括遗址、墓葬、灰坑、岩画、窖藏及游牧民族所遗留下的活动痕迹等,其中遗址包括城堡废墟、宫殿址、村址、居址、作坊址、寺庙址、矿穴、采石坑、仓库、水渠、水井、窑址、壕沟、栅栏、围墙、烽燧、长城、界壕等,遗迹能够反映当时人类的活动。一个古代文化的居住遗址,包括住房、宗庙、作坊、墓葬、道路、水渠、水井、壕沟等,因为考古地层的整体发掘,它们的形态、功能、组合、分布、位置和空间关系,就这样完整地展现在我们面前,我们面对的是一个古代真实的景观图像,这幅景观图像提供了古代社会生活最直观、最完整的资料。这种真实表现人类活动的地貌景观就如图画、摄影照片(考古现场也要求保存各种绘图乃至航拍照片)。

　　傅斯年在《考古学的新方法》中,不仅讲到了人骨测定,还讲到了箭头形制、铜器模型和治龟技术。殷墟发掘的陶器、青铜器乃至卜龟的钻凿等等都是技术的表征。技术是物质遗存内含的文化的另一套符号系统,最近二十年来,更多的学者开始将技术当作自身就是一个认知系统(cognitive system)来研究。各种遗存的人工制品都是技术的物化表现,工具是最典型的物化技术。能够使人成为人的语言、工具、形象同时产生,也就是说,人同时具备三种基本的行为形态:认知、制造和表现。山田庆儿定义,人是利用工具制造工具的动物。[44]在头脑中"制造"一次性工具和反复使用工具方法根本不同。打算制造反复性使用的工具,事先在头脑中不仅要描绘出在"此时此地"由这个人来砍倒这棵树的方便的特定工具,而且还必须能够描绘出在其他时间、其他场所、由具有平均气力的人砍倒别的树木也都能使用的工具,也就是必须具有区别于具体的一般性概念"斧子"。因为人的语言和工具是超越了"此时此地"这样一种狭窄的框架,并且以图像即观念为中介相互紧密结合在一起的,所以它们肯定是同时出现的。当获得了这种"二级特性"的时候,人类就诞生了。[45]傅斯年说:"在古代的坟墓中,掘出许许多多的铜器,制造亦很进步。铜器模型,是占这些铜器中间一大部分。"[46]以铜器模型为例。济南大辛庄贵族墓 M139 出土的商代青铜器,发掘者认为属于二里冈文化时期,[47]但大辛庄 M139 鼎一周有 6 组兽面纹,表明它年代不早于中商文化时期。中商文化开始加强青铜器装饰性,容器的合范技术为满足装饰而复杂化,许多鼎一周用 6 块外范,因此在一些鼎上出现 6 组纹饰;而此前的鼎 3 组纹饰,对应的是 3 块外范。[48]

因为考古学的出现,历史学发生了根本的改变。在考古学的分析概念工具"断代分期"的基础上,[49]福科(Michel Foucault)提出了"断裂"的概念,形成了"知识考古学":起决定作用的是历时间断性(非线性连续性或横断空间系统),而不是历时连续性(线性连续性)。[50]福科在其后期将"知识考古学"改为"谱系学"。"整个历史传统(宗教的或理性的),目的在融单一的事件于理想的连贯(continuity)之中。……然而'实际的'(effective)历史,只涉及事件最独特的特征,最敏锐的表现。"[51] 根据笔者的理解,由断裂共时层面的文化的理解即知识考古而回复到寻求文化延续的历史线索,人类知识迄今为止对历史学的最清晰简明的定义是"知识谱系学"。语言文字传递的历史知识之外,考古学给了我们新的认识,相对于人之成为人同时产生的语言、工具、形象,知识谱系也可分为思想观念、技术、图像三类。

5. 关于证据法

傅斯年将地下材料扩充到了文字之外,却也给"史学即史料学"命题带来了困境。兰克学派的史料是指原始档案,兰克著《1494—1514 年的拉丁和日耳曼民族史》几乎遍访欧洲的国家档案馆和私人藏书楼,使用的史料包括"回忆录、日记、信函、外交报告、见证者的叙述"。稍后另一位德国史家蒙森搜集汇编《拉丁文铭刻集成》,并写了《罗马史》。但他们使用的始终是文字材料。"史料"英语是 sources,source 本意是"源",兰克学派秉笔直书,主张恢复到史料生成的环境,考察分析史料提供者的身份、性格、环境等。但是,当直面考古发掘揭露的古代文化地层,我们就可以凭借遗迹的景观图像,想象古代的生活场景,理解古代文化。

1950 年,荷兰历史学家雷尼埃(Gustaaf J. Renier)就已经指出,应该用存留至今的过去的"遗迹"(traces)的观念取代"史料"(sources)的观念。[52]

傅斯年理解考古学的新材料不止于文字,但对于历史研究的目的,傅斯年难以明确。考古新材料,可以在某些地方实证传世的文献,甚至可以对传世的文献提出质疑和批评,但是,就如王国维的"二重证据法",这样做的目的始终还在于"证"史,而不是就新材料而提出关于历史的新知。关于利用考古遗物对传世文献提出批评,可以举一例,《考工记》被认为可信文本,其"六齐"条提供了迄今所知世界上最早的一份青铜合金配制表,[53]但根据对先秦青铜器合金成分分析,从目前所搜集的 979 个样品 1 040 组数据看,先秦青铜器的锡含量集中在 4%~20%,只有"钟鼎之齐"、"斧斤之齐"在这个范围内,先秦青铜合金的实际含锡量远远低于文献记载。[54]

历史研究的对象"史"不是文本上的"史",而是过去真实的历史,历史研究的目的因此不是为了"证"史,而是为了探索发现关于真实历史的新知。对于考古的遗物遗迹,我们不断对它们做出阐释性解释以理解古代文化。同时,我们对一个单位的遗物、遗迹内涵进行分析,可以产生古代文化的确定的新知,比如,一个整体发掘揭露的村落遗迹,有道路、宗庙、住房、作坊、水渠、水井、墓葬,墓葬中有棺椁、人骨、兽骨、陶器、珠串等,就可以用技术的、图像的分析来探讨这个社会的形态、经济的状况、生产的水平、宗教的信仰等等。这种封闭的分析要比拼合各种来源不一的文献史料要精确、可靠的多。假设窖藏里还有铸刻铭文的青铜器,那么这更是当时的史料(contemporaneous historical sources),完全不受污染的,当然,需要运用传统的文献来理解铭文的语词,但那不过是辅助性的作用。

---

① 傅斯年是民国时期最清晰认识到现代社会责任信托专业分工合作特质的学者,他坚持史语所从事科学创新的尖端研究,反对号令公众的推广普及。没有傅斯年对现代性的认识践履,史语所就不可能取得如此辉煌的科学进步。现代社会的劳动分工体现在社会所有领域,1946年1月在重庆出席政治协商会议期间,傅斯年与陈布雷笔谈蒋介石,傅斯年写道:"蒋先生对上海市民言明礼仪、知廉耻、负责任、守纪律,此乃国家元首所以责其公务员而负责做到者也,非对人民之言也。"(王汎森、杜正胜编《傅斯年文物资料选辑》,台湾中央研究院历史语言研究所,1995 年,135 页。)但是,即便60 多年后的今日中国,行政首脑们还是完全不能体认这种现代性的责任承担的职业道德。

② 许倬云《社会科学观点的转变与科际整合》,《学术史与方法学的省

思》,台湾"中央研究院"历史语言研究所七十周年研讨会论文集,
2000 年。

③ 曾经以各种名义受聘于史语所的学者有:傅斯年、陈寅恪、赵元任、李
济、朱希祖、沈兼士、刘半农、顾颉刚、梁思永、梁思成、李方桂、董作宾、
容庚、丁山、史禄国、罗常培、辛树帜、俞大维、林语堂、徐中舒、冯友兰、
许地山、罗家伦、杨振声、袁复礼、吴定良、凌纯声、芮逸夫、吴金鼎、丁
声树、徐旭生、岑仲勉、陶云逵、韩儒林、王献唐、汤用彤、赵万里、陈受
颐、向达、那廉君、郭宝钧、劳干、高去寻、石璋如、陈槃、李光涛、张政
烺、全汉升、董同龢、杨时逢、夏鼐、胡厚宣、傅乐焕、李光宇、周祖谟、王
静如、容肇祖、商承祚、余永梁、单不厂、陈乐素、于道泉、刘燿(尹达)、
周一良、李晋华、王崇武、陈述、严耕望、周法高、张琨、刘念和、杨志玖、
李景聃、何兹全、马学良、屈万里、逯钦立、吴相湘、姚家积、王明、王叔
岷、黄彰健、杨希枚、王利器、李孝定、任继愈、胡庆钧、张秉权、严学窘、
傅懋勣等。

④《经义述闻》、《读书杂志》研究的是古籍的语文问题,《经传释词》则在
这种语文研究上明显进步,有了对虚词使用例则的概括和总结。

⑤ 梅祖麟《中国语言学的传统和创新》,《学术史与方法学的省思》,台湾
中央研究院历史语言学研究所七十周年研讨会论文集,2000 年 12 月。

⑥ 傅斯年的藏文老师 Herman Frank 也教过陈寅恪,梵文文法老师
Lüders 是梵文泰斗,也是陈的老师。

⑦ 李壬癸《七十年来中国语言学研究的回顾》,《学术史与方法学的省
思》,台湾中央研究院历史语言学研究所七十周年研讨会论文集,2000
年 12 月。

⑧ 1922 年,教育部历史博物馆将这批档案装入八千个麻袋中,称重十五
万斤,以四千大洋卖给北京同懋增纸店,后为罗振玉、李盛铎先后收
藏,李因租房屋漏拟档案有损拟卖出。在傅斯年、蔡元培、杨杏佛、陈寅

恪、马衡等人努力下,由中央研究院买下,交史语所整理。

⑨ 黄彰健《吴丰培、傅斯年、李晋华三先生讨论校勘明实录的信》、《中央研究院历史语言研究所校印明实录的工作》,台湾《大路杂志语文丛书》第三辑第三册。

⑩ 傅斯年《考古学的新方法》,《傅斯年全集》第三卷,湖南教育出版社,2003 年。

⑪ 蒋祖棣《20 世纪夏商周研究的进展》,《考古学研究》(五),科学出版社,2003 年。

⑫ Carl Whiting Bishop, The Neolithic Agein Northern China, Antiquity, Dec. 1933.

⑬ 《史料论略》是傅斯年《史学方法导论》中的一部分。傅斯年另有《中国古代文学史讲义》,其中有一节目也为"史料论略"。

⑭ 当然,从王国维和陈寅恪对《秦妇吟》的分别研究的比较就可看出,王国维的历史研究的语文学、文献学的痕迹还太明显,谱系、地名、各种制度,都是符号化的"名",它们还不是人的行动的"事"。

⑮ 朱渊清《一场情感直觉的革命》,马来西亚第七届汉学国际会议论文,吉隆坡,2010 年 3 月。

⑯ 傅斯年《清代学问的门径书几种》,《傅斯年全集》第一卷,湖南教育出版社,2003 年,第 230 页。

⑰ 同上,第 228 页。

⑱ 傅斯年《毛子水〈国故和科学的精神〉识语》,《傅斯年全集》第一卷,湖南教育出版社,2003 年,第 263 页。

⑲ 傅斯年《中西史学观点之变迁》,《傅斯年全集》第三卷,湖南教育出版社,2003 年。

⑳ 同上。

㉑ 傅斯年《清代学问的门径书几种》,《傅斯年全集》第一卷,湖南教育出

版社,2003 年。

㉒ 傅斯年《论学校读经》,《傅斯年全集》第五卷,湖南教育出版社,2003 年。

㉓ 傅斯年《考古学的新方法》,《傅斯年全集》第三卷,湖南教育出版社,2003 年。

㉔ 傅斯年《历史语言研究所工作之旨趣》,《傅斯年全集》第三卷,湖南教育出版社,2003 年。

㉕ 在清末民初,史学因"经世致用"而被强调。章太炎《论经史儒之分合》:"承平之世,儒家固为重要;一至乱世,则史家更为有用。"西方民族主义思想的传入,史学的社会功能更被提升到国家与种族(文化)存亡的高度。因为外患日迫之世,考据之学无关世用,所以应以微言大义之旨讲求经史之学,张之洞《劝学篇·内篇》:"史学切用之大端有二,一事实,一典制。事实择其治乱大端,有关今日鉴戒者考之,无关者置。典制择其考见世变,可资今日取法者考之,无所取者略之。"徐仁铸《輶轩今语》看法相近。梁启超把史学看成是明掌故得失通晓世变的学问,而认为与西学同具致用性的功能,《新史学》说:"今日泰西通行诸学科中,为中国所固有者,惟史学。"史学承担经世致用之责,还因为时人所认知的史学与科学的关系,陈黻宸《中国史讲义》:"科学不兴,我国文明必无增进之一日。而欲兴科学,必自首重史学始。"因为史是"凡事凡理之所从出也","史学者,合一切科学而自为一科者也。无史学则一切科学不能成,无一切科学则史学亦不能成立。"

㉖ 艾尔曼《中国文化史的新方向:一些有待讨论的意见》,《台湾社会研究季刊》第 12 期,1992 年 5 月;《从理学到朴学:中华帝国晚期思想与社会变化面面观》序,江苏人民出版社,1995 年。

㉗ 施耐德指出,30 年代中期以后,傅斯年的实证主义思想开始出来变化,到 40 年代以后他甚至要求在研究中更加重视主观因素。参见施耐德

《真理与历史：傅斯年、陈寅恪的史学思想与民族认同》，社会科学文献
出版社，2008年，第172页。

㉘ 这个目标在中国的明确提出距离剑桥史学家伯里（J. B. Bury）说"历史
是科学，不少也不多"只有24年。

㉙ 许冠三《新史学九十年》，岳麓书社，2003年，第245页。

㉚ 杜正胜《新史学之路》，台湾三民书局，2004年，第108页。

㉛ 实用主义的创始人皮尔斯（Charles Sanders Peirce）认为，有风险的假设
推论或猜想是迈向知识的第一步，他以"悔悟的可错论"
（contritefallibilism）精神展开自己的研究结论。杜威（John Dewey）认
为知识是改造经验的成就，它的求得须通过试验的程序：试验包括行
动，是在环境与我们之间创造确定的变化；试验的发生受观念指导，是
有目的的活动；试验的结构重新组织了原来的知识，使其更易于被认
知。哈贝马斯（Jürgen Habermas）评价实用主义最具力量之处就在于：
"可错论与怀疑论的结合，对于人类心灵的一种自然主义态度，以及
它的这样一种文化：拒绝屈服于任何种类的科学主义。"波普尔（Karl
Raimund Popper）是可错论者，他认为知识的成长是人类尊严的最伟大
资产，他反对归纳主义的发现逻辑，反对概率主义归纳逻辑的确证理
论，拒绝承认把理论评价同逼真性联系起来的归纳原理。波普尔的证
伪主义代表了理性的进步发展：把注意力从理论的证明转移到理论
的发现。

㉜ 傅斯年《史料论略》，《傅斯年全集》第二卷，湖南教育出版社，2003年，
第312页。

㉝ 雅克·勒高夫《新史学》，上海译文出版社，1989年，第7页。

㉞ 傅斯年《性命古训辨证·引语》，《傅斯年全集》第二卷，湖南教育出版
社，2003年，第508页。

㉟ 海德格尔相信，如果能把千百年来一个词所承受的分解、漂流、重组的

污染一层层拨开，就可以构成一部思想史。

㊱ 朱渊清《书写历史》，上海古籍出版社，2009 年，第 123 页。

㊲ 加拿大考古学家炊格尔（Bruce G. Trigger）确信，只有考古学才能为历史上发生过的事件提供证据。

㊳ 傅斯年《考古学的新方法》，《傅斯年全集》第三卷，湖南教育出版社，2003 年，第 90 页。

㊴ 德国考古学家科西纳（G. Kossinna）最早明确提出考古学文化概念、并用考古学文化来研究区域文化历史，他指出"文化群即民族群，文化区即民族区"，因此文化的差异就反映了民族的差异。在地图上标出一类器物的分布代表了某一民族群体的分布，文化的延续反映了民族的延续，考古学因此就能够根据器物确定的文化单位来追溯民族群体的分布和延续。

㊵ 傅斯年《考古学的新方法》，《傅斯年全集》第三卷，湖南教育出版社，2003 年，第 89 页。

㊶ 同上，第 91 页。

㊷ 同上，第 89 页。

㊸ 李济致傅斯年函，史语所所档"元"25 - 3。

㊹ 此前，弗兰克林（Benjamin Franklin）定义人是"制造工具的动物"，但这个定义现在已经被人类学家、动物学家修订，卷尾猴能够使用工具，黑猩猩能够制造工具。

㊺ 山田庆儿《技术的意义》，《古代东亚哲学和科技文化》，辽宁教育出版社，1996 年。

㊻ 傅斯年《考古学的新方法》，《傅斯年全集》第三卷，湖南教育出版社，2003 年，第 93 页。

㊼《济南大辛庄遗址 139 号商代墓葬》，《考古》2010 年第 10 期。

㊽ 承昌平兄告。参见张昌平《论济南大辛庄遗址 M139 新出青铜器》，《江

汉考古》2011年第1期。

㊾ 马克思首先提出了社会形态分期的观念，柴尔德的考古学受马克思思想影响，福柯受考古学和马克思的双重影响。

㊿ 福科《知识考古学》，三联书店，1998年。

(51) 福科《尼采、谱系学、历史》，汪民安、陈永国编《尼采的幽灵》，社会科学文献出版社，2001年。

(52) Gustaaf J. Renier, History, its Purposeand Method, Allen & Unwin, London, 1950.

(53)《周礼·考工记》："金有六齐，六分其金而锡居一，谓之钟鼎之齐；五分其金而锡居一，谓之斧斤之齐；四分其金而锡居一，谓之戈戟之齐；三分其金而锡居一，谓之大刃之齐；五分其金而锡居二，谓之削杀矢之齐；金锡半，谓之鉴燧之齐。"

(54) 苏荣誉《〈考工记〉"六齐"研究》，《中国科技典籍研究》，大象出版社，2006年。

史学方法导论

傅斯年 撰

史学方法导论

拟　目

第一讲　论史学非求结论之学问

　　　　论史学在"叙述科学"中之位置

　　　　论历史的知识与艺术的手段

第二讲　中国及欧洲历代史学观念演变之纲领

第三讲　统计方法与史学

第四讲　史料论略

第五讲　古代史与近代史

第六讲　史学的逻辑

第七讲　所谓"史观"

联经版《傅斯年全集》原编者按：此为傅先生任教北京大学时之讲义

稿。原书凡七讲,今仅存第四讲,姑以付印。他日访得所缺各篇时,当再补入。

史料论略

我们在上章讨论中国及欧洲历史学观念演进的时候,已经归纳到下列的几个结论:

一、史的观念之进步,在于由主观的哲学及伦理价值论变做客观的史料学。

二、著史的事业之进步,在于由人文的手段,变做如生物学地质学等一般的事业。

三、史学的对象是史料,不是文词,不是伦理,不是神学,并且不是社会学。史学的工作是整理史料,不是作艺术的建设,不是做疏通的事业,不是去扶持或推倒这个运动,或那个主义。

假如有人问我们整理史料的方法,我们要回答说:第一是比较不同的史料,第二是比较不同的史料,第三还是比较不同的史料。假如一件事只有一个记载,而这个记载和天地间一切其他记载(此处所谓记载,不专指文字,犹史料之不以文字为限)不相干,则对这件事只好姑信姑疑,我们没有法子去对他做任何史学的工夫。假如天地间事都是这样,则没有一切科学了,史学也是其一。

不过天地间事并不如此。物理化学的事件重复无数，故可以试验，地质生物的记载每有相互的关系，故有归纳的结论。历史的事件虽然一件事只有一次，但一个事件既不尽止有一个记载，所以这个事件在或种情形下，可以比较而得其近真；好几件的事情又每每有相关联的地方，更可以比较而得其头绪。

在中国详述比较史料的最早一部书，是《通鉴考异》。这是司马君实领导着刘攽、刘恕、范祖禹诸人做的。这里边可以看出史学方法的成熟和整理史料的标准。在西洋则这方法的成熟后了好几百年，到十七八世纪，这方法才算有自觉的完成了。

史学便是史料学：这话是我们讲这一课的中央题目。史料学便是比较方法之应用：这话是我们讨论这一篇的主旨。但史料是不同的，有来源的不同，有先后的不同，有价值的不同，有一切花样的不同。比较方法之使用，每每是"因时制宜"的。处理每一历史的事件，每每取用一种特别的手段，这手段在宗旨上诚然不过是比较，在迎合事体上却是甲不能转到乙，乙不能转到丙，丙不能转到丁……徒然高揭"史学的方法是以科学的比较为手段，去处理不同的记载"一个口号，仍不过是"托诸空言"；何如"见诸实事之深切著明"呢？所以我们把这一篇讨论分做几节，为每节举一个或若干个的实例，以见整理史料在实施上的意义。

第一章　史料之相对的价值

第一节　直接史料对间接史料

史料在一种意义上大致可以分做两类：一、直接的史料；二、间接的史料。凡是未经中间人手修改或省略或转写的，是直接的史料；凡是已经中间人手修改或省略或转写的，是间接的史料。《周书》是间接的材料，毛公鼎则是直接的；《世本》是间接的材料（今已佚），卜辞则是直接的；《明史》是间接的材料，明档案则是直接的。以此类推。有些间接的材料和直接的差不多，例如《史记》所记秦刻石；有些便和直接的材料成极端的相反，例如《左传》、《国语》中所载的那些语来语去。自然，直接的材料是比较最可信的，间接材料因转手的缘故容易被人更改或加减；但有时某一种直接的材料也许是孤立的，是例外的，而有时间接的材料反是前人精密归纳直接材料而得的：这个都不能一概论断，要随时随地的分别着看。

直接史料的出处大致有二：一、地下，二、古公廨、古庙宇，及世家之所藏。不是一切东西都可在地下保存的，而文字所凭的材料，在后来的，几乎全不能在地下保存，如纸如帛。在早年的幸而所凭借者是骨，是金，是石，是陶，是泥；其是竹木的，只听见说在干燥的西域保存着,在中国北方的天气,已经很不适于保存这些东西于地下。至于世家,中国因为久不是封建的国家,所以是很少的,公廨庙宇是历经兵火匪劫的。所以敦煌的巨藏有一不有二,汲冢的故事一见不再见。竹书一类的东西,我也曾对之"寤寐思服",梦想洛阳周冢,临淄齐冢,安知不如魏安僖王冢?不过洛阳陵墓已为官匪合作所盗尽,临淄滨海,气候较湿,这些梦想未必能实现于百一罢?直接材料的来源有些限制,所以每有偏重的现象。如《殷卜辞》所纪,"在祀与戎",而无政事。周金文偏记光宠,少记事迹。敦煌卷子少有全书。(其实敦煌卷子只可说是早年的间接材料,不得谓为直接材料。)明清内阁大库档案,都是些"断烂朝报"。若是我们不先对于间接材料有一番细工夫,这些直接材料之意义和位置,是不知道的;不知道则无从使用。所以玩古董的那么多,发明古史的何以那么少呢?写钟鼎的那么多,能借殷周文字以补证经传的何以只有许瀚、吴大澂、孙诒让、王国维几个人呢?何以翁方纲、罗振玉一般人都不能呢?(《殷虚书契考释》一书,原是王国维作的,不是罗振玉的。)珍藏唐写本的那么多,能知各种写本的互相位置者何以那么少呢?直接材料每每残缺,每每偏于小事,不靠较为普通、略具系统的间接材料先作说明,何从了解这一件直接材料?所以持区区的金文,而不熟读经传的人,只能去做刻图章的匠人;明知《说文》有无穷的毛病,无限的错误,然而丢了他,金文更讲不通。

以上说直接材料的了解,靠间接材料做个预备,做个轮廓,做个界落。然而直接材料虽然不比间接材料全得多,却比间接材料正确得多。一件事经过三个人的口传便成谣言,我们现在看报纸的记载,竟那么靠不住。则时经百千年,辗转经若干人手的记载,假定中间人并无成见,并无恶意,已可使这材料全变一翻面目;何况人人免不了他自己时代的精神:即免不了他不自觉而实在深远的改动。一旦得到一个可信的材料,自然应该拿他去校正间接史料。间接史料的错误,靠他更正;间接史料的不足,靠他弥补;间接史料的错乱,靠他整齐;间接史料因经中间人手而成之灰沉沉样,靠他改给一个活泼泼的生气象。我们要能得到前人所得不到的史料,然后可以超越前人;我们要能使用新得材料于遗传材料上,然后可以超越同见这材料的同时人。那么以下两条路是不好走的:

一、只去玩弄直接材料,而不能把他应用到流传的材料中。例如玩古董的,刻图章的。

二、对新发现之直接材料深固闭拒的,例如根据秦人小篆,兼以汉儒所新造字,而高谈文始,同时说殷墟文字是刘铁云假造的章太炎。

标举三例，以见直接间接史料之互相为用。

例一　王国维君《殷卜辞中所见先公先王考》

王静安君所作《殷卜辞中所见先公先王考》两篇（《观堂集林》卷九），实在是近年汉学中最大的贡献之一。原文太长，现在只节录前篇的"王亥"、"王恒"、"上甲"三节，下篇的"商先王世数"一节，以见其方法。其实这个著作是不能割裂的，读者仍当取原书全看。

王君拿直接的史料，用细密的综合，得了下列的几个大结果。一、证明《史记》袭《世本》说之不虚构；二、改正了《史记》中所有由于传写而生的小错误；三、于间接材料之矛盾中（《汉书》与《史记》），取决了是非。这是史学上再重要不过的事。至于附带的发现也多。假如王君不熟习经传，这些材料是不能用的；假如熟习经传者不用这些材料，经传中关涉此事一切语句之意义及是非是不能取决的。那么，王君这个工作，正可为我们上节所数陈的主旨作一个再好不过的实例。

王　亥

卜辞多记祭王亥事，《殷虚书契前编》有二事，曰"贞衾于王亥"（卷一第四十九叶），曰"贞之于王亥，卌牛，辛亥用"（卷四第八叶），《后编》中又有七事，曰"贞于王亥求年"（卷上第一叶），曰"乙巳卜□贞之于王亥十"（下阙。同上，第十二叶），曰"贞衾于王亥"（同上第十九叶），曰"衾于王亥"（同上第二十三叶），曰"癸卯□贞□□高祖王亥□□□"（同上第二十一叶），曰"甲辰卜□贞，来辛亥衾于王亥，卅牛，十二月"（同上第二十三叶），曰"贞登王亥羊"（同上第二十六叶），曰"贞之于王亥□三百牛"（同上第二十八叶）。《龟甲兽骨文字》有一事曰"贞衾于王亥，五牛"（卷一第九叶）。观其祭日用辛亥，其牲用五牛，三十牛，四十牛，乃至三百牛，乃祭礼之最隆者，必为商之先王先公无疑。案：《史记·殷本纪》及《三代世表》商先祖中无王亥，惟云："冥卒，子振立；振卒，子微立。"《索隐》"振，《系本》作核"，《汉书·古今人表》作垓。然则《史记》之振当为核，或为垓字之讹也。《大荒东经》曰："有璃民国，句姓而食，有人曰王亥。两手操鸟，方食其头。王亥托于有易河伯仆牛，有易杀王亥，取仆牛。"郭璞注引《竹书》曰："殷王子亥，宾于有易而淫焉，有易之君绵臣杀而放之。是故殷主甲微假师于河伯以伐有易，克之，遂杀其君绵臣也（此《竹书纪年》真本，郭氏隐括之如此）。"今本《竹书纪年》："帝泄十二年，殷侯子亥宾于有易，有易杀而放之。十六年，殷侯微以河伯之师伐有易，杀其君绵臣。"是《山海经》之王亥。古本《纪年》作殷王子亥,今本作殷侯子亥。又前于上甲微者一世,则为殷之先祖冥之子、微之父,无疑。卜辞作王亥,正与《山海经》同。又祭王亥皆以亥日,则亥乃其正字,《世本》作核,《古今人表》作核,皆其通假字;《史记》作振,则因与核或垓二字形近而讹。夫《山海经》一书,其文不雅驯,其中人物,世亦以子虚乌有视之,《纪年》一书,亦非可尽信者。而王亥之名竟于卜辞见之,其事虽未必尽然,而其人则确非虚构。可知古代传说存于周秦之间者,非绝无根据也。

王亥之名及其事迹,非徒见于《山海经》《竹书》,周秦间人著书多能道之。《吕览·勿躬篇》:"王冰作服牛。"案,篆文冰作 $\wedge$,与亥字相似,王 $\wedge$ 亦王亥之讹。《世本·作篇》"胲作服牛",(《初学记》卷二十九引,又《御览》八百九十九引《世本》,"鲧作服牛",鲧亦胲之讹。《路史》注引《世本》"胲为黄帝马医,常医龙"。疑引宋衷注。《御览》引宋注曰"胲,黄帝臣也,能驾牛",又云"少昊时人,始驾牛"。皆汉人说,不足据。实则《作篇》之胲,即《帝系篇》之核也。)其证也。服牛者,即《大荒东经》之仆牛,古服、仆同音。《楚辞·天问》:"该秉季德,厥父是臧,胡终弊于有扈,牧夫牛羊?"又曰:"恒秉季德,焉得夫朴牛?"该即胲,有扈即有易(说见下),朴牛亦即服牛。是《山海经》、《天问》、《吕览》、《世本》皆以王亥为始作服牛之人。盖夏初奚仲作车,或尚以人挽之,至相土作乘马,王亥作服牛,而车之用益广。《管子·轻重戊》云:"殷人之王,立帛牢服牛马以为民利,而天下化之。"盖古之有天下者,其先皆有大功德于天下。禹抑鸿水,稷降嘉种,爰启夏周。商之相土、王亥,盖亦其俦。然则王亥祀典之隆,亦以其为制作之圣人,非徒以其为先祖,周秦间王亥之传说,胥由是起也。

卜辞言王亥者九,其二有祭日,皆以辛亥,与祭大乙用乙日、祭大甲用甲日同例,是王亥确为殷人以辰为名之始,犹上甲微之为以日为名之始也。然观殷人之名,即不用日辰者,亦取于时为多,自契以下,若昭明,若昌若,若冥,皆含朝莫明晦之意,而王恒之名亦取象于月弦。是以时为名或号者,乃殷俗也。夏后氏之以日为名者,有孔甲,有履癸,要在王亥及上甲之后矣。

王　恒

卜辞人名,于王亥外又有王𠄢。其文曰"贞之于王𠄢"(《铁云藏龟》第一百九十九叶及《书契后编》卷上第九叶)。又曰"贞之于王𠄢"(《后编》卷下第七叶)。又作"王𠄢",曰"贞王𠄢□"(下阙,《前编》卷七第十一叶)。案,𠄢即恒字。《说文解字》二部:"恒,常也,从心,从舟在二之间,上下心以舟施恒也。亙,古文恒,从月,

《诗》曰：'如月之恒。'"案，许君既云古文恒从月，复引《诗》以释从

月之意，而今本古文乃作□，从二从古文外，盖传写之讹，字当作

□。又《说文》木部："橱，竟也，从木，恒声。□，古文橱。"案，古从

月之字，后或变而从舟，殷虚卜辞，朝莫之朝作□（《后编》卷下第

三叶），从日月在□间，与莫字从日在□间同意，而篆文作□，不从

月而从舟。以此例之，□本当作□。智鼎有□字，从心从□，与

篆文之恒从□者同，即恒之初字，可知□、□一字。卜辞□字从

二从〇（卜辞月字或作）或作〇，其为□、□二字或恒字之省无疑。

其作□者，《诗·小雅》"如月之恒"。毛传"恒，弦也"。弦本弓上

物，故字又从弓。然则□、□二字确为恒字。王恒之为殷先祖，惟

见于《楚辞·天问》。《天问》自"简狄在台誉何宜"以下二十韵，皆

述商事（前夏事后周事）。其问王亥以下数世事曰："该秉季德，厥

父是臧。胡终弊于有扈，牧夫牛羊？干协时舞，何以怀之？平胁

曼肤，何以肥之？有扈牧竖，云何而逢？击床先出，其命何从？恒

秉季德，焉得夫朴牛？何往营班禄，不但还来？昏微遵迹，有狄不

宁，何繁鸟萃棘，负子肆情？眩弟并淫，危害厥兄，何变化以作诈，

后嗣而逢长？"此十二韵以《大荒东经》及郭注所引《竹书》参证之，

实纪王亥、王恒及上甲微三世之事，而《山海经》、《竹书》之"有

易"，《天问》作"有扈"，乃字之误。盖后人多见有扈，少见有易，又

同是夏时事，故改易为扈。下文又云："昏微遵迹，有狄不宁。"昏微即上甲微，有狄亦即有易也。古狄、易二字同音，故互相通假。《说文解字》辵部，逖之古文作逷。《书·牧誓》"逷矣西土之人"，《尔雅》郭注引作"逷矣西土之人"。《书·多士》"离逷尔土"，《诗·大雅》"用逷蛮方"，《鲁颂》"狄彼东周"。《毕狄钟》"毕狄不龚"，此逖、逷、狄三字，异文同义。《史记·殷本纪》之简狄，《索隐》曰"旧本作易"，《汉书·古今人表》作简逷。《白虎通·礼乐篇》"狄者，易也"，是古狄、易二字通，有狄即有易。上甲遵迹而有易不宁，是王亥弊于有易，非弊于有扈，故曰扈当为易字之误也。狄、易二字不知孰正孰借，其国当在大河之北，或在易水左右（孙氏之骏说）。盖商之先，自冥治河，王亥迁殷（今本《竹书纪年》，帝芒三十三年，商侯迁于殷，其时商侯即王亥也。《山海经》注所引真本《竹书》，亦称王亥为殷王子亥。称殷，不称商，则今本《纪年》此条，古本想亦有之。殷在河北，非亳殷，见余撰《三代地理小记》），已由商丘越大河而北，故游牧于有易高爽之地，服牛之利，即发见于此。有易之人乃杀王亥，取服牛，所谓"胡终弊于有扈，牧夫牛羊"者也。其云"有扈牧竖，云何而逢，击床先出，其命何从"者，似记王亥被杀之事。其云"恒秉季德，焉得夫朴牛"者，恒盖该弟，与该同秉季德，复得该所失服牛也。所云"昏微遵迹，有狄不宁"者,谓上甲微能率循其先人之迹,有易与之有杀父之雠,故为之不宁也。"繁鸟萃棘"以下,当亦记上甲事,书阙有间,不敢妄为之说,然非如王逸《章句》所说解居父及象事,固自显然。要之,《天问》所说,当与《山海经》及《竹书纪年》同出一源,而《天问》就壁画发问,所记尤详,恒之一人,并为诸书所未载。卜辞之王恒与王亥,同以王称,其时代自当相接。而《天问》之该与恒,适与之相当,前后所陈,又皆商家故事,则中间十二韵自系述王亥、王恒、上甲微三世之事。然则王亥与上甲微之间,又当有王恒一世。以《世本》《史记》所未载,《山经》《竹书》所不详,而今于卜辞得之。《天问》之辞,千古不能通其说者,而今由卜辞通之,此治史学与文学者所当同声称快者也。

上 甲

《鲁语》"上甲微能帅契者也,商人报焉",是商人祭上甲微,而卜辞不见上甲。郭璞《大荒东经》注引《竹书》作"主甲微",而卜辞亦不见主甲。余由卜辞有⊠、⊠、⊡三人名,其乙、丙、丁三字皆在匚或匸中,而悟卜辞中凡数十见之⊞(或作⊞),即上甲也。卜辞中凡田狩之田字,其囗中横直二笔皆与其四旁相接,而人名之⊞,则其中横直二笔或其直笔必与四旁不接,与田字区别较然。⊞中十字,即古甲字(卜辞与古金文皆同)。甲在囗中,与区、冈、司之乙、丙、丁三字在匚或冂中同意。亦有囗中横直二笔与四旁接而与田狩字无别者,则上加一作囲以别之。上加一者,古六书中指事之法,一在田上,与二字(古文上字)之一在一上同意,去上甲之义尤近。细观卜辞中记田或囲者数十条,亦惟上甲微始足当之。卜辞中云"自田(或作囲)至于多后衣"者五(《书契前编》卷二第二十五页三见,又卷三第二十七页,《后编》卷上第二十页各一见),其断片云"自田至于多后"者三(《前编》卷二第二十五页两见,又卷三第二十八页一见),云"自田至于武乙衣"者一(《后编》卷上第二十页)。衣者,古殷祭之名。又卜辞曰"丁卯贞,来乙亥告自田"(《后编》卷上第二十八页);又曰"乙亥卜宾贞,囗大御自田"(同上,卷下第六页);又曰"(上阙)贞,翌甲囗峃自田"(同上,第三十四页)。凡祭告皆曰"自田",是田实居先公先王之首也。又曰"辛巳卜大贞之自田元示三牛,二示一牛,十三月(《前编》卷三第二十二页)";又云"乙未贞,其求自田十又三示牛,小示羊"(《后编》卷上第二十八页),是田为元示及十有三示之首。殷之先公称示,主壬、主癸,卜辞称示壬、示癸,则田又居先公之首也。商之先人王亥始以辰名,上甲以降皆以日名,是商人数先公当自上甲始,且田之为上甲,又有可征证者。殷之祭先,率以其所名之日祭之,

祭名甲者用甲日,祭名乙者用乙日,此卜辞之通例也。今卜辞中
凡专祭田者皆用甲日,如曰"在三月甲子□祭田"(《前编》卷四第
十八页),又曰"在十月又一(即十有一月)甲申□酚祭田"(《后编》
卷下第二十页),又曰"癸卯卜翌甲辰之田牛吉"(同上,第二十七
页),又曰"甲辰卜贞,来甲寅又伐田羊五卯牛一"(同上,第二十一
页)。此四事,祭田有日者,皆用甲日。又云"在正月□□(此二字
阙)祭大甲䍧田"(同上第二十一页),此条虽无祭日,然与大甲同
日祭,则亦用甲日矣。即与诸先王先公合祭时,其有日可考者,亦
用甲日。如曰"贞,翌甲□䍧自田"(同上),又曰"癸巳卜贞,酚肜
日自田至于多后衣,亡它,自□在四月,惟王二祀"(《前编》卷三第
二十七页),又曰"癸卯王卜贞,酚翌日自田至多后衣,亡它,在□
在九月,惟王五祀"(《后编》卷上第二十页)。此二条以癸巳及癸
卯卜,则其所云之肜日、翌日,皆甲日也。是故田之名甲,可以祭
日用甲证之。田字为十(古甲字)在□中,可以凵、口、曰三名乙、
丙、丁在匚中证之,而此甲之即上甲,又可以其居先公先王之首证
之。此说虽若穿凿,然恐殷人复起,亦无易之矣。《鲁语》称商人
"报上甲微",《孔丛子》引《逸书》"惟高宗报上甲微"(此魏晋间伪
书之未采入梅本者,今本《竹书纪年》武丁十二年报祀上甲微,即
本诸此)。报者盖非常祭。今卜辞于上甲,有合祭,有专祭,皆常

祭也。又商人于先公皆祭，非独上甲，可知周人言殷礼已多失实，此孔子所以有文献不足之叹欤！

商先王世数

《史记·殷本纪》、《三代世表》及《汉书·古今人表》所记殷君数同，而于世数则互相违异。据《殷本纪》，则商三十一帝（除大丁为三十帝），共十七世。《三代世表》以小甲、雍己、大戊为大庚弟（《殷本纪》大庚子），则为十六世。《古今人表》以中丁、外壬、河亶

甲为大戊弟（《殷本纪》大戊子），祖乙为河亶甲弟（《殷本纪》河亶甲子），小辛为盘庚子（《殷本纪》盘庚弟），则增一世，灭二世，亦为十六世。今由卜辞证之，则以《殷本纪》所记为近。案，殷人祭祀中，有特祭其所自出之先王，而非所自出之先王不与者。前考所举"求祖乙（小乙）、祖丁（武丁）、祖甲、康祖丁（庚丁）、武乙衣"，其一例也。今检卜辞中又有一断片，其文曰"（上阙）大甲、大庚（中阙）、丁、祖乙、祖（中阙）一、羊一，南"（下阙，共三行，左读，见《后编》卷上

第五页),此片虽残阙,然于大甲、大庚之间不数沃丁,中丁(中字直笔尚存)、祖乙之间不数外壬、河亶甲,而一世之中仅举一帝,盖亦与前所举者同例。又其上下所阙,得以意补之如左。

由此观之,则此片当为盘庚、小辛、小乙三帝时之物,自大丁至祖丁皆其所自出之先王,以《殷本纪》世数次之,并以行款求之,其文当如是也。惟据《殷本纪》,则祖乙乃河亶甲子,而非中丁子,今此片中有中丁而无河亶甲,则祖乙自当为中丁子,《史记》盖误也。且据此则大甲之后有大庚,则大戊自当为大庚子,其兄小甲、雍己亦然,知《三代世表》以小甲、雍己、大戊为大庚弟者,非矣。大戊之后有中丁,中丁之后有祖乙,则中丁、外壬、河亶甲自当为大戊子,祖乙自当为中丁子,知《人表》以中丁、外壬、河亶甲、祖乙皆为大戊弟者非矣。卜辞又云"父甲一牡、父庚一牡、父辛一牡"(《后编》卷上第二十五页),甲为阳甲,庚则盘庚,辛则小辛,皆武丁之诸父,故曰父甲、父庚、父辛,则《人表》以小辛为盘庚子者非矣。凡此诸证,皆与《殷本纪》合,而与《世表》《人表》不合。是故殷自小乙以上之世数,可由此二片证之,小乙以下之世数,可由祖乙、祖丁、祖甲、康祖丁、武乙一条证之。考古者得此,可以无遗憾矣。

附殷世数异同表

帝名	《殷本纪》	《三代世表》	《古今人表》	卜辞
汤	主癸子	主癸子	主癸子	（一世）
大丁	汤子	汤子	汤子	汤子(二世)
外丙	大丁弟	大丁弟	大丁弟	
中壬	外丙弟	外丙弟	外丙弟	
大甲	大丁子	大丁子	大丁子	大丁子(三世)
沃丁	大甲子	大甲子	大甲子	
大庚	沃丁弟	沃丁弟	沃丁弟	大甲子(四世)
小甲	大庚子	大庚弟	大庚子	
雍己	小甲弟	小甲弟	小甲弟	
大戊	雍己弟	雍己弟	雍己弟	大庚子(五世)
中丁	大戊子	大戊子	大戊弟	大戊子(六世)
外壬	中丁弟	中丁弟	中丁弟	
河亶甲	外壬弟	外壬弟	外壬弟	
祖乙	河亶甲子	河亶甲子	河亶甲弟	中丁子(七世)
祖辛	祖乙子	祖乙子	祖乙子	祖乙子(八世)
沃甲	祖辛弟	祖辛弟	祖辛弟	
祖丁	祖辛子	祖辛子	祖辛子	祖辛子(九世)

南庚	沃甲子	沃甲子	沃甲子	
阳甲	祖丁子	祖丁子	祖丁子	祖丁子(十世)
盘庚	阳甲弟	阳甲弟	阳甲弟	阳甲弟(十世)
小辛	盘庚弟	盘庚弟	盘庚子	盘庚弟(十世)
小乙	小辛弟	小辛弟	小辛弟	小辛弟(十世)
武丁	小乙子	小乙子	小乙子	小乙子(十一世)
祖庚	武丁子	武丁子	武丁子	武丁子(十二世)
祖甲	祖庚弟	祖庚弟	祖庚弟	祖庚弟(十二世)
廪辛	祖甲子	祖甲子	祖甲子	
庚丁	廪辛弟	廪辛弟	廪辛弟	祖甲子(十三世)
武乙	庚丁子	庚丁子	庚丁子	庚丁子(十四世)
大丁	武乙子	武乙子	武乙子	
帝乙	大丁子	大丁子	大丁子	
帝辛	帝乙子	帝乙子	帝乙子	

例二　陈寅恪君《吐蕃彝泰赞普名号年代考》

　　例一所举虽系史学上之绝大问题,然或有人嫌其多半仍是文字学的问题,不是纯粹史学的问题(其实史学语学是全不能分者)。现在更举一个纯粹史学的考定。我的朋友陈寅恪先生,在汉学上的素养不下钱晓徵，更能通习西方古今语言若干种，尤精梵藏经典。近著《吐蕃彝泰赞普名号年代考》一文，以长庆唐蕃会盟碑为根据，"千年旧史之误书，异国译音之讹读，皆赖以订"。此种异国古文之史料至不多，而能使用此项史料者更属至少，苟其有之，诚学术中之快事也。文不长，兹全录之如下：

《吐蕃彝泰赞普名号年代考》(《蒙古源流》研究之一)(《国立中央研究院历史语言研究所集刊》第二本第一分)

小彻辰萨囊台吉著《蒙古源流》，其所纪土伯特事，盖本之西藏旧史。然取新、旧《唐书·吐蕃传》校其书，则赞普之名号，往往不同，而年代之后先，相差尤甚。夫中国史书述吐蕃事，固出于唐室当时故籍，西藏志乘，虽间杂以宗教神话，但历代赞普之名号世系，亦必有相传之旧说，决不尽为臆造。今唐蕃两地载籍互相差异，非得书册以外之实物以资考证，则无以判别二者之是非，兼解释其差异之所由来也。

《蒙古源流》卷二云"穆迪子藏(坊刊本作减，误)玛、达尔玛、持(坊刊本作特，误)松垒、罗垒、伦多卜等，兄弟五人。长子藏玛出家，次子达尔玛持松(松下略一垒字，满文本已如是。)自前岁戊子纪二千九百九十九年之丙戌年所生。岁次戊戌年十三岁，众大

臣会议辅立即位,岁次辛酉年三十六岁,殁。汗无子,其兄达尔玛
即位"云云。按,小彻辰萨囊台吉以释迦牟尼佛涅般后一岁为纪
元。据其所推算,佛灭度之年,为西历纪元前二千一百三十四年,
故其纪元前之戊子元年为西历纪元前二千一百三十三年。其所
谓"自前戊子纪二千九百九十九年之丙戌年",即西历纪元后八百
六十六年,唐懿宗咸通七年。戊戌年即西历纪元后八百七十八
年,唐僖宗乾符五年。辛酉年即西历纪元后九百零一年,唐昭宗
天复元年。惟《蒙古源流》此节所纪达尔玛、持松垒赞普之名号年
代,皆有讹误。兹先辨正其名号,兼解释其差异之所由来,然后详
稽其年代之先后,以订正唐蕃两地旧史相传之讹误,或可为治唐
史者之一助欤?

名号之讹误有二:一为误联二名为一名,一为承袭蒙古文旧
本字形之讹而误读其音。

何谓误联二名为一名?按《唐书·吐蕃传》:"赞普(指可黎可
足,即彝泰赞普)立几三十年。死。以弟达磨嗣。"《资治通鉴考
异》卷二十一《唐纪》十三文宗开成三年,吐蕃彝泰赞普卒,弟达磨
立条云:"彝泰卒及达磨立,《实录》不书。《旧传》、《续会要》皆无
之,今据《补国史》。"坊刊本《蒙古源流》卷二:"汗(指持松垒)无
子,其兄达尔玛,癸未年所生,岁次壬戌,年四十岁,即位。因其从

前在世为象时,曾设恶愿,二十四年之间,恶习相沿,遂传称为天生邪妄之朗达尔玛。"(按,藏语谓象为朗 glan。)又藏文嘉剌卜经 Rgyal-rabs 者(闻中国有蒙文刊本,予未见),本书译本子注及《四库总目提要》,皆言其与小彻辰萨囊台吉所纪述多相符合。今据 Emil Schalgintweit 本《嘉剌卜经》藏文原文第十二页第十二行,其名亦为 Glan-darma,即本书之朗达尔玛也。而本书之持松垒,在嘉喇卜经则称为 ral-pa-chan,与朗达玛为二人,章章明甚。又乾隆中敕译中文《首楞严经》为藏文时,章嘉胡图克图言此经西藏古译本为五百年前之浪达尔玛汗所毁灭云云(见《清高宗御制文集·藏译楞严经序》),持松垒与达尔玛孰为兄弟,及浪达尔玛汗是否生于乾隆前五百年,以至《首楞严经》乾隆以前有无藏文译本,皆不必论,而持松垒与达尔玛之为二人,则中国史籍、《蒙古源流》本书及西藏历世相传之旧说,无不如是。今景阳官所藏《蒙古源流》满文译本,误联达尔玛、持松垒二名为一名,此必当日满文译者所据喀尔喀亲王成衮札布进呈之蒙文本,已有此误,以致辗转传讹,中文译本遂因而不改,即彭楚克林沁所校之中文译本(曾见江安傅氏转录本),亦误其句读。以予所见诸本,惟施密德氏 Isaac Jacob Schmidt 之蒙文校译本,二名分列,又未省略,实较成衮札布本为佳也。

何谓承袭蒙文旧本字形之讹而误读其音？此赞普名号诸书皆差异，今据最正确之实物，即拉萨长庆唐蕃会盟碑碑阴吐蕃文（据前北京大学研究所国学门所藏缪氏艺风堂拓本）补正其省略讹误，并解释其差异之所由来焉。

按长庆唐蕃会盟碑碑阴吐蕃文首列赞普名号，末书唐长庆及蕃彝泰纪元，其所载赞普之名号为 Khri-gtsug lde-brtsan。近年西北发见之藏文写本亦同（见 F. W. Thomas：Tibetan Documents conccrning Chinese Turkestan PP. 71. 72. 76. Journal of the Royal Asiatic Society of Great Britain and Ireland，Jan. 1928）。兹取此碑碑阴蕃文，历校诸书，列其异同于左。

《新唐书·吐蕃传》："元和十二年赞普死，可黎可足立为赞普。"按可黎可足即碑文之 Khri-gtsug，其下之 ldebrtsan 则从省略，且据此可知当时实据藏文之复辅音而对音也。

《资治通鉴》卷二百三十九唐纪五十五："宪宗元和十一年二月，西川奏吐蕃赞普卒，新赞普可黎可足立。"又卷二百四十六唐纪六十二："文宗开成三年吐蕃彝泰赞普卒，弟达磨立。"按会盟碑碑阴末数行吐蕃年号为 Skyid-rtag，即彝泰之义，然则可黎可足之号为彝泰赞普者实以年号称之也。

《菩提末》(Bodhimör)此书纪赞普世系，实出于藏文之《嘉剌卜经》，据施密德氏蒙文《蒙古源流》校译本第三百六十页所引《菩提末》之文，此赞普之名为 Thi-aTsong-lTe-bDsan。按此书原文予未见，此仅据施密德氏所转写之拉丁字而言，Thi 者藏文 Khri 以西藏口语读之之对音，严格言之，当作 Thi。lTe 者据会盟碑蕃文应作 lDe，蒙文 dt 皆作 ᠊ 形无分别，bDsan 即碑文及西北发见之藏文写本之 brTsan，此乃施密德氏转写拉丁字之不同（藏文古写仅多一 r），非原文之有差异也。惟 atsong 一字，则因蒙文字形近似而讹，盖此字依会盟碑蕃文本，及西北发见之藏文写本，应作 gtsug，蒙文转写藏文之᠊(g)作᠊形，转写藏文之᠊(a)（或作 h）作᠊形，ug、ük 作᠊形，ung 或 ong 作᠊形，字体极相似故讹。或《菩提末》原书本不误，而读者之误，亦未可知也。

《蒙古源流》施密德校译本　据此本。此赞普名作 Thi-btsonglte，此名略去名末之 brtsan。至 btsong 者，gtsug 之讹读，藏文᠊(g)字，蒙文作᠊，与蒙文の(b)字形近故讹，蒙文之 ug 转为 ük 亦以形近误为 ong，见上文《菩提末》条。

《蒙古源流》满文译本　《蒙古源流》中文译本非译自蒙文，乃由满文而转译者，今成衮扎布进呈之蒙文原本，虽不可得见（予近发见北平故宫博物院藏有《蒙古源流》之蒙文本二种：一为写本，一为刊本。沈阳故宫博物馆亦藏有蒙文本，盖皆据成衮札布本抄写刊印者也）。幸景阳宫尚藏有满文译本，犹可据以校正中文译本也。按满文本，此赞普名凡二见，作 Darmakriltsung-Lui，一作 Darmakribtsung，皆略去 Brtson 字，此名误与达尔玛之名联读，已详上文。惟藏文之 Khri，满文或依藏文复辅音转写，如此名之 Kni 即其例，或依西藏口语读音转写，如持苏陇德灿（Cysurong tetsan）之 Cy（满文ᠴᡳ）即其例，盖其书之对音，先后殊不一致也。ung 乃 ug 转为 ük 之误，见上文《菩提末》条。又藏文 LDe 所以讹成垒者，以蒙文 t 字 d 字皆作 d 形，o 字 u 字皆作 d 形，又 e 字及 i 字结尾之形作ᠵ及ᠶ，皆极相似，颇易淆混，故藏文之 LDe，遂讹为满文之 Lui 矣。或者成衮札布之蒙文原本，亦已讹误，满文译本遂因袭而不知改也。

文津阁本及坊刊本汉译《蒙古源流》　中文《蒙古源流》既译自满文，故满文译本之误，中文译本亦因袭不改，此二本中，此赞普名一作达尔玛持松垒，一作达尔玛持松，满文 Kri 作持者，依藏文口语读之也。按义净以中文诎为梵文 tha 字对音（见高楠顺次郎英译《南海寄归内法传》），则 thi 字固可以满文之ᠴ（cy）字，中文之持字对音。又此本持字俱作特，乃误字，而先后校此书者皆未改正，松字乃满文 Tsung 之对音，其误见上文《菩提末》条。

蒙文书社本汉译《蒙古源流》　此本此赞普名一作（达尔玛）

哩卜崇垒,一作(达尔玛)持松哩卜崇。第一名作哩者,依满文 Kri 而对哩音,其作卜者,满文译本固有 b 字音也。第二名则持哩二字重声,松崇二字亦垒音,殆当时译者并列依原字及依口语两种对音,而传写者杂糅为一,遂致此误欤?余见上文。

此赞普之名号既辨正,其年代亦可得而考焉。《唐会要》卷九十七:"元和十一年西川奏吐蕃赞普卒,十二年吐蕃告哀使论乞冉献马十匹,玉带金器等。"《旧唐书·吐蕃传》:"宪宗元和十二年吐蕃以赞普卒来告。"《新唐书》:"宪宗元和十二年赞普死,使论乞髯来(告丧),可黎可足立为赞普。"《资治通鉴》卷二百三十九《唐纪》五十五:"宪宗元和十一年二月西川奏吐蕃赞普卒,新赞普可黎可足立。"《新唐书·吐蕃传》:"赞普立(指可黎可足)几三十年,死,以弟达磨嗣。"《资治通鉴》卷二百四十六《唐纪》六十二:"文宗开成三年吐蕃彝泰赞普卒,弟达磨立。"《资治通鉴考异》卷二十一《唐纪》十三,会昌二年十二月吐蕃来告达磨赞普之丧,略云"《实录》丁卯吐蕃赞普卒,遣使告丧,赞普立仅三十余年,据《补国史》,彝泰卒后,又有达磨赞普,此年卒者,达磨也。《文宗实录》不书彝泰赞普卒,《旧传》及《续会要》亦皆无达磨,《新书》据《补国史》,疑《文宗实录》阙略,故他书皆因而误。彝泰以元和十一年立,至此二十七年,然开成三年已卒,达磨立至此五年,而《实录》云仅三十年,亦是误以达磨为彝泰也。"《蒙古源流》卷二:"持松垒岁次戊戌,年十三岁。众大臣会议辅立即位,在位二十四年,岁次辛酉,三十六岁殁。"据小彻辰萨囊台吉书所用之纪元推之,戊戌为唐僖宗乾符五年,西历纪元后八百七十八年,辛酉年为唐昭宗天复元年,西历纪元后九百零一年。(诸书之文,前已征引,兹再录之以便省览而资比较。)按《蒙古源流》所载年代太晚,别为一问题,姑于此不置论。而诸书所记彝泰赞普嗣立之年,亦无一不误者。何以言之?唐蕃会盟碑碑阴蕃文,唐蕃年号并列,唐长庆元年,当蕃彝泰七年,长庆二年,当彝泰八年,长庆三年,当彝泰九年。又《新唐书·吐蕃传》:"长庆二年刘元鼎使吐蕃会盟还,虏元师尚塔藏馆客大夏川,集东方节度诸将百余,置盟策台上,遍晓之,且戒各保境,毋相暴犯,策署彝泰七年"云云。考《旧唐书·吐蕃传》,长庆元年十月十日命崔植、王播、杜元颖等与吐蕃大将讷罗论等会盟于长安,盟文末有大蕃赞普及宰相钵阐布尚绮心儿等先寄盟文要节之语,则是刘元鼎长庆二年所见虏帅遍晓诸将之盟策,即前岁长庆元年之盟策,故彝泰七年即长庆元年,而非长庆二年。梁曜北玉绳《元号略》及罗雪堂振玉丈重校订《纪元编》,皆据此推算,今证以会盟碑碑阴蕃文,益见其可信。故吐蕃可黎可足赞普之彝泰元年,实当唐宪宗元和十年,然则其即赞普之位至迟亦必在是年。《唐会要》、新、旧《唐书》及《资治通鉴》所载年月,乃据吐蕃当日来告之年月,而非当时事实发生之真确年月也。又《蒙古源流》载此赞普在位二十四年,不知其说是否正确,但宪宗元和十年,即西历纪元后八百十五年,为彝泰元年,文宗开成三年,即西历纪元后八百三十八年,亦即《补国史》所纪可黎可足赞普卒之岁,为彝泰末年,共计二十四年,适相符合。予于《蒙古源流》所纪年岁,固未敢尽信,独此在位二十四年之说,与依据会盟碑等所推算之年代,不期而暗合,似非出于臆造所能也。

综校诸书所载名号年代既多讹误,又复互相违异,无所适从。幸得会盟碑阴残字数行,以资考证,千年旧史之误书,异国译音之讹读,皆赖以订正。然中外学人考证此碑之文,以予所知,尚未有证论及此者,故表而出之,使知此逻逤片石,实为乌斯赤岭(此指拉萨之赤岭而言)之大玉天球,非若寻常碑碣,仅供揽古之士赏玩者可比也。

例三 《集古录》与《潜研堂金石文字跋尾》

以金文证经典虽为较近之事,然以石文校史事,宋朝人已能为之。如欧阳永叔《集古录跋尾》,其中颇有胜义,即如下例,可见其旨趣。

《魏受禅碑》……按,《汉·献帝纪》,延康元年十月乙卯,皇帝逊位,魏王称天子。又按《魏志》,是岁十一月葬士卒死亡者,犹称令。是月丙午(集本作寅),汉帝使张愔奉玺绶,庚午,王升坛受禅,又是月癸酉,奉汉帝为山阳公。而此碑云:"十月辛未,受禅于汉。"三家之说皆不同。今据裴松之注《魏志》,备列汉魏禅代诏册书令群臣奏议甚详。盖汉实以十月乙卯策诏魏王,使张愔奉玺绶,而魏王辞让,往返三四,而后受也。又据侍中刘廙奏问太史令许芝,今月十七日己未,可治坛场;又据尚书令桓阶等奏云,辄下太史令,择元辰,今月二十九日,可登坛受命。盖自十七日己未,至二十九日,正得辛未。以此推之,汉魏二纪皆缪,而独此碑为是也。《汉纪》乙卯逊位者,书其初命,而略其辞让往返,遂失其实尔。《魏志》十一月癸卯犹称令者,当是十月,衍一字尔。丙午张愔奉玺绶者,辞让往返,容(集本作殆)有之也。惟庚午升坛最为缪尔。癸卯去癸酉三十一日,不得同为十一月,此尤缪也。禅代,大事也,而二纪所书如此,则史官之失,以惑后世者,可胜道哉?

北宋人的史学分析工夫到这个地步,所以才能有《唐书》、《通鉴》那样的制作。到了近代顾亭林、朱竹垞等,以石文校史书,时有精论,而钱竹汀"乃尽……出其上,遂为古今金石学之冠"(见

《集古录跋尾·王昶序》)。《廿二史考异》、《金石文之跋尾》,皆同一意义之工作,现在摘录两条,以见其精诣所至。其实竹汀此书论石各篇,皆是精能之作,原书易得,不复多举。

　　《后魏孝文帝吊比干文碑阴》:……《北史》太和十九年,诏迁洛人死葬河南,不得还北,于是代人南迁者悉为河南洛阳人。又云,太和二十年正月,诏改姓元氏。今此碑立于太和十八年冬,宗室已系元姓,代人并称河南郡,则史所载岁月恐未得其实矣。诸臣称河南郡者,元氏而外,若丘目陵氏、万忸于氏、侯莫陈氏、乙旃氏、叱罗氏、吐难氏、伊娄氏、独孤氏、拔拔氏、莫耐娄氏,并见《魏书·官氏志》,而译字小有异同。如丘目陵之目作穆,万忸于之万作勿,吐难之吐作土,莫耐娄之耐作那,是也。陆氏本步六孤氏。太和十九年,诏称穆陆贺刘楼于嵇尉八姓,皆太祖已降勋著当世位尽王公者也。穆即丘目陵,于即万忸于,刘即独孤。诸人皆未改氏,而陆昕等已单称陆氏,而陆氏之改又在穆贺诸姓之先矣。大野氏、郁久闾氏、侯吕氏、魏志俱失载。以予考之,郁久闾乃蠕蠕姓,后亦单称闾氏。《周书》太祖赐韩褒姓侯吕陵氏(此《广韵》所引,今本侯讹作侯),当即侯吕氏也。后魏末有南州刺史大野拔,大野亦代北著姓矣。又有侯文福一人,则未知其侯氏欤(《官氏志》俟奴氏后改俟氏),抑别有俟文氏也？若干氏贺拔氏不称河南而称代郡,盖代人之未南迁者。斛律氏称高车部人,虽入处中国,尚未有所隶州县也。冯诞以尚乐安公主拜驸马都尉,此但云驸马而去都尉。从俗称也。史称傅永字脩期,此直云傅脩期,盖以字行也。公孙良据传为燕郡广阳人,此云辽东郡,则举郡望言之。于劲尝为司卫监,李预兼典命下大夫,皆本传所未载。陆昕传作昕之,当以石刻为正。其书姑臧为姑藏,河间为河涧,龙骧为虬骧,傅脩期作傅脩期,皆当时承用别体字,若万忸于之或作乎,陆希道作怖道,则翻刻之讹。(此段以石文订史所记。)

《后魏石门铭》 右《石门铭》,盖述龙骧将军梁秦二州刺史泰山羊祉开通石门之功。《魏书·宣武纪》:"正始四年九月甲子,开斜谷旧道。"即其事也。碑云:"起四年十月十日,至永平二年正月毕功。"而史书于四年九月者据奉诏之日言之耳。《北史·羊祉传》不书开斜谷道事,此史文之阙漏,当据石刻补之。碑云"皇魏正始元年汉中献地",即梁天监三年也。是岁夏侯道迁背梁归魏,《梁史》书"魏陷梁州"于二月,当得其实。魏收史书于闰十二月,温公《通鉴》据长历梁置闰在次年正月,后遂移于后一年,非也(订历)。

《唐景龙三年法琬法师碑》 右《法琬法师碑》。法琬,中宗之三从姑,太祖景皇帝之玄孙女也。父临川公德懋,尝官宗正卿,兵部尚书,谥曰孝,皆史所不载。史称永徽二年,襄邑王神符薨。而碑云六年薨,与史不合。据碑,法琬以襄邑王薨之岁奏请出家,时年十有三。垂拱四年卒,春秋卌有九。今以永徽六年年十有三推之,祇四十六岁耳。窃意神符薨于永徽二年,史文未必误。其年德懋请舍所爱女为亡父祈福,奉敕听许,而法琬之出家则在其明年,年始十三也。碑以二年为六年,特书者之误尔(此段以史所记订石文)。

最近三十年中,缪荃荪、罗振玉、王国维皆于石刻与史传之校正工夫上续有所贡献,然其造诣之最高点,亦不过如钱竹汀而已。

例四　流沙坠简

近来出土之直接史料,可据以校正史传者,尚有西陲所得汉简。此种材料,法人沙畹德人康拉地皆试为考证,而皆无大功,至王静安君手,乃蔚成精美之史事知识。现录其一段如下(《流沙坠简补遗考释》第一页):

三、晋守侍中大都尉奉晋大侯亲晋鄯善、焉耆、龟兹、疏勒

四、于阗王写下诏书到

右二简文义相属,书迹亦同,实一书之文,前排比简文印本时,尚未知其为一书,故分置两页中,今改正如右。亦行下诏书之辞也。晋守侍中大都尉奉晋大侯亲晋鄯善、焉耆、龟兹、疏勒、于阗王者,若析言之,则当云,晋守侍中大都尉奉晋大侯亲晋鄯善王,晋守侍中大都尉奉晋大侯亲晋焉耆王,以下仿此。盖晋时西域诸国王皆得守侍中大都尉奉晋大侯位号。以此十字冠于五国王之上,而不一一言之者,文例宜然,亦如亲晋二字之为五国王通号,此人人所易首肯也。案,中国假西域诸国王以官号,自后汉始。《后汉书·西域传》:光武建武五年,河西大将军窦融承制立莎车王康为汉莎车建功怀德王西域大都尉,五十五国皆属焉。十七年,更赐以汉大将军印绶。顺帝永建二年,疏勒王臣磐遣使奉献,帝拜臣磐为与汉大都尉,其子孙至灵帝时犹称之。(案,传但言拜臣磐为汉大都尉,汉字上无与。然下文云,疏勒王与汉大都尉于猎中为其季父和得所射杀,时疏勒王外,非别有汉大都尉,不得言与。疑与汉二字当连读,与汉犹言亲汉也。上云拜臣磐为汉大都尉,汉字上脱与字)《魏略·西戎传》,魏赐车师后部王壹多杂守魏侍中,号大都尉,受魏王印,此西域诸王受中国官号之见于史籍者也。考汉魏时本无大都尉一官,求其名称,实录都护而起。前汉时本以骑都尉都护西域,(见《汉书·百官公卿表》及《甘延寿段会宗传》)后遂略称西域都护。新莽之后,都护败没,故窦融承制拜莎车王康为西域大都尉,使暂统西域诸国,惟不欲假以都护之名,又以西域诸国本各有左右都尉,故名之曰西域大都尉,使其号与西域都护骑都尉相埒云尔。嗣是莎车既衰,而疏勒王称与汉大都尉,魏车师后部王又单称大都尉,皆不冠以西域二字,其号稍杀。故此简西域诸国王皆有此位号,疑自魏时已然矣。或以此简之晋守侍中大都尉与魏赐车师后王位号同,又下所举五王中无车师后王,疑此亦晋初车师后王之称,故此简之中实得六国。然魏时车师后王既受王印,则其号当云魏守侍中大都尉亲魏车师后部王,今但云晋守侍中大都尉,但举其所受中国官号,而不著其本国王号,必无此理。故曰,晋守侍中大都尉者,乃鄯善、焉耆、龟兹、疏勒、于阗王之公号也。奉晋大侯亦然。以国王而受晋侯封,故谓之大侯,以别于西域诸国之左右侯,亦犹大都尉之称,所以别于诸国之左右都尉也。亲晋某王者,亦当时诸国王之美称。案,汉时西域诸国王但称汉某国王,《汉书 · 西域传》云,西域最凡国五十,自译长至侯王皆佩汉印绶,凡三百七十六人。其印文虽无传者,然《匈奴传》云,汉赐单于印,言玺不言章,又无汉字,诸王已下乃有汉,言章。西域诸王虽君一国,然其土地人民尚不如匈奴诸王,则汉所赐印必云汉某某王章,无疑也。后汉之初,莎车王号尚冠以汉字,中叶以后,始有亲汉之称。《后书·西域传》,顺帝永建元年,班勇上八滑为后部亲汉侯。然但为侯号而非王号,其王犹当称汉某某王也。唯建安中封鲜卑沙末汗为亲汉王,魏晋封拜皆袭此称,如《魏志·外国传》有亲魏倭王,古印章有亲晋羌王亲赵侯等是也。其官号上冠以魏晋字者,所以荣之,其王号上冠以亲魏、亲晋字而不直云魏晋者,所以示其非纯臣也。此简所举五国,西域长史所辖殆尽于此。案,西域内属诸国,前汉末分至五十,后汉又并为十余,至魏时仅存六七。《魏略》言且末小宛精绝楼兰(此谓楼兰城)皆并属鄯善,戎卢扜弥渠勒皮穴(《汉书》作皮山)皆属于阗,尉犁危须山王国皆并属焉耆,姑墨温宿尉头皆并属龟兹,桢中莎车竭石渠沙西夜依耐蒲犁億若榆令捐毒休脩(《汉书》作休循)琴国皆并属疏勒,且弥单桓毕陆(《汉书》作卑陆)蒲陆(《汉书》作蒲类)乌贪(《汉书》作乌贪訾离)诸国皆并属车师。此外汉时属都护诸国,惟乌孙尚存,仍岁朝贡,见于《魏志》。然乌孙国大地远,其事中国亦当与康居大月氏同科,自后汉以来盖已不属都护长史。则魏时西域内属诸国,仅上六国而已。右简所举又少车师一国,盖晋初车师后部当为鲜卑所役属。《魏志·鲜卑传》注引王沈《魏书》云,鲜卑西部西接乌孙。《晋书·武帝纪》,咸宁元年六月,西域戊已校尉马循讨叛鲜卑破之。二年,鲜卑阿罗多等寇边,西域戊已校尉马循讨之。时鲜卑当据车师后部之地，故能西接乌孙，南侵戊已校尉治所矣。右简令诸国王写下诏书，而独不云车师王者，当由于此。然则晋初属西域长史诸国，惟鄯善、焉耆、龟兹、疏勒、于阗五国而已。此西域诸国之大势，得由右简知之者也。此简所出之地，当汉精绝国境，《后书》言后汉明帝时精绝为鄯善所并，而斯氏后十年在此地所得木简见于本书简牍遗文中者，其中称谓有大王有王有夫人，隶书精妙，似后汉桓灵间书。余前序中已疑精绝一国汉末复有独立之事，今此简中无精绝王，而诏书乃到此者，必自鄯善或于阗传写而来，可见精绝至晋初又为他国所并矣。自地理上言之，则精绝去于阗近，而去鄯善较远，自当并属于阗，而《魏略》则云并属鄯善，然无论何属，此时已无精绝国可知。此尼雅一地之沿革，得由右简知之也。二简所存者不及三十字，而足以裨益史事如此。然非知此二简为一书，亦不能有所弋获矣。

例五 吴大澂"文"字说

以上所举的几个例之外，尚有其他近来出土之直接史料，足以凭借着校正或补苴史传者。例如敦煌卷子中之杂件，颇有些是当时的笺帖杂记之类，或地方上的记载，这些真是最好的史料。

即如《张氏勋德记》等，罗振玉氏据之以成《补唐书张义潮传》（丙寅稿第一叶至四叶）。可见史料的发见，足以促成史学之进步，而史学之进步，最赖史料之增加。不过这些文字，或太长，或太琐，不便举列，故今从阙。

近数十年来最发达的学问中，金文之研究是一个大端。因金文的时代与诸史不相涉（除《史记》一小部外），而是《诗》、《书》的时代，所以金文之研究看来似只有裨于经学，然经学除其语言文字之部分外，即是史学智识。不过金文与《诗》、《书》所记不相干者多，可以互补，可以互校文字文体之异同，而不易据以对勘史事。虽金文中有很多材料，可以增加我们对于古代史事知识，但，求到这些知识，每每须经过很细的工夫，然后寻出几件来。因此，关于金文学之精作虽多，而专于诗书时代史事作对勘之论文，还不曾有。此等发明，皆零零碎碎，散见各书中。现在且举吴大澂君文字说，以为一例。此虽一字之校定，然《大诰》究竟是谁的档案，可以凭此解决这个二千年的纷扰。《大诰》一类极重要的史料赖一字决定其地位，于此可见新发见的直接史料，对于遗传的间接史料，有莫大之补助也。

"文"字　书文侯之命，"追孝于前文人"。《诗·江汉》："告于

文人。"《毛传》云:"文人,文德之人也。"潍县陈寿卿编修介祺所藏
兮仲钟云:"其用追孝于皇考已伯,用侃喜前文人。"《积古斋钟鼎
彝器款识·追敦》云:"用追孝于前文人。"知"前文人"三字为周时
习见语。乃《大诰》误文为宁,曰:"予曷其不于前宁人图功攸终。"
曰:"予曷其不于前宁人攸受休毕。"曰:"天亦惟休于前宁人。"曰:
"率宁人有指疆土。""前宁人"实"前文人"之误。盖因古文文字有
从心者,或作𢗉,或作𢡃,或又作𢡊。壁中古文《大诰》篇,其文字必
与宁字相似,汉儒遂误释为宁。其实《大诰》乃武王伐殷大诰天下
之文,宁王即文王,宁考即文考,"民献有十夫",即武王之乱臣十
人也。"宁王遗我大宝龟",郑注"受命曰宁王",此不得其解而强
为之说也。既以宁考为武王,遂以《大诰》为成王之诰。不见古
器,不识真古,安知宁字为文之误哉?

　　以上所标七例,皆新发见的直接史料与自古相传的间接史料
相互勘补的工作。必于旧史史料有工夫,然后可以运用新史料;
必于新史料能了解,然后可以纠正旧史料。新史料之发见与应
用,实是史学进步的最要条件;然而但持新材料,而与遗传者接不
上气,亦每每是枉然。从此可知抱残守缺,深固闭拒,不知扩充史
料者,固是不可救药之妄人;而一味平地造起,不知积薪之势,相

因然后可以居上者,亦难免于狂狷者之徒劳也。

第二节　官家的记载对民间的记载

官家记载和私家记载的互有短长处,也是不能一概而论的。大约官书的记载关于于年月、官职、地理等等,有簿可查有籍可录者,每校私记为确实;而私家记载对于一件事的来源去脉,以及"内幕",有些能说官书所不能说,或不敢说的。但这话也不能成定例,有时官书对于年月也很会错的,私书说的"内幕"更每每是胡说的。我们如想作一命题而无违例,或者可说,一些官家凑手的材料,及其范围内之记载,例如表,志,册子,簿录等,是官家的记载好些,而官家所不凑手或其范围所不容的材料,便只好靠私家了。不过这话仿佛像不说,因为好似一个"人者,人也"之循环论断,我们还是去说说他们彼此的短处罢。

官家的记载时而失之讳。这因为官家总是官家,官家的记载就是打官话。好比一个新闻记者,想直接向一位政府的秘书之类得到一个国家要害大事之内容,如何做得到?势必由间接的方法,然后可以风闻一二。

私家的记载时而失之诬。人的性情,对于事情,越不知道越要猜,这些揣猜若为感情所驱使,便不知造出多少故事来。史学的正宗每每不喜欢小说。《晋书》以此致谤;《三国志注》以此见识。建文皇帝游云南事,明朝人谈得那样有名有姓,有声有色,而明史总只是虚提一笔。司马温公的《通鉴》虽采小说,究竟不过是借着参考,断制多不从小说;而他采《赵飞燕外传》的"祸水"故事,反为严整的史家所讥。大约知道一件事内容者,每每因自己处境的关系不敢说,不愿说,而不知道者偏好说,于是时时免不了胡说。

论到官家记载之讳,则一切官修之史皆是好例,所修的本朝史尤其是好例。禅代之际,一切欺人孤儿寡妇的逆迹;剪伐之朝,一切凶残淫虐的暴举,在二十四史上那能看得出好多来呢? 现在但举一例:满洲的人类原始神话,所谓天女朱果者,其本地风光的说法,必不合于汉族之礼化,于是汉士修满洲原始之史,不得不改来改去,于是全失本来的意义。[陈寅恪先生语我云:王静安在清宫时有老阉导之看坤宁宫中跳神处,幔后一图,女子皆裸体,而有一男老头子。此老阉云:宫中传说这老头子是卖豆腐的。此与所谓天女者当有若何关系。今如但看满洲祀天典礼,或但看今可见坤宁宫中之杀猪处,何以知跳神之礼,尚有此"内幕"耶?(犹之乎顺治太后下嫁摄政王,在清朝国史上是找不出一字来的。)其实此等事照满洲俗未可谓非,汉化亦未可谓是。史事之经过及其记载皆超于是非者也。（"Jenseits von Gut und Bose."）]清朝人修的《太祖实录》，把此一段民间神话改了又改，越改越不像。一部二十四史经过这样手续者，何其多呢？现在把历史语言研究所所藏的稿本影印一叶以见史书成就的一个大手续——润色的即欺人的手续。

论到私书记载之诬，则一切小说稗史不厌其例。姑举两个关系最大谬的。元庚申帝如非元明宗之子，则元之宗室焉能任其居大汗之统者数十年，直到窜至漠北，尚能致远在云南之梁王守臣节？而《庚申外史》载其为宋降帝瀛国公之子，则其不实显然。这由于元代七八十年中汉人终不忘宋，故有此种循环报应之论。此举韩山童之建宋号，是同一感情所驱使的。又如明成祖，如果中国人是个崇拜英雄的民族，则他的丰功伟烈，确有可以崇拜处，他是中国惟一的皇帝能跑到漠北去打仗的。但中国人并不是个英雄崇拜的民族（这个心理有好有坏。约略说，难于组织，是其短处，难于上当，是其长处），而明成祖的行为又极不合儒家的伦理，而且把"大儒"方正学等屠杀的太惨酷了，于是明朝二百余年中，士人儒学没有诚心说成祖好的。于是乎为建文造了一些逊国说，为永乐造了一个"他是元朝后代的"的骂语（见《广阳杂记》等）。这话说来有两节，一是说永乐不是马后生，而是硕妃生，与周王同母,此是《国榷》等书的话。一是说硕妃为元顺帝之高丽妾,虏自燕京者,而成祖实为庚申帝之遗腹子。(此说吾前见于一笔记,一时不能举其名,待后查。)按硕妃不见明《后妃传》,然见《南京太常寺志》。且成祖与周王同母,隐见于《明史·黄子澄传》,此说当不诬妄。至其为元顺帝遗腹说,则断然与年代不合。成祖崩于永乐二十二年(1424),年六十五,其生年实为元顺帝至正二十年(1360)四月,去明兵入燕尚有十年(洪武元年为1368),冒填年龄不能冒填到十年。且成祖于洪武三年封燕王,十三年之藩。如为元顺帝遗腹子其母为掠自北平者,则封燕王时至多两岁,就藩北平时,至多十二岁;两岁封王固可,十二岁就藩则不可能。以明太祖之为人,断无封敌子于胜国故都,新朝第一大藩之理。此等奇谈,只是世人造来泄愤的,而他人有同样之愤,则喜而传之(至于硕妃如为高丽人,或是成祖母,皆不足异。元末贵人多蓄高丽妾,明祖起兵多年,所虏宦家当不少也。惟断不能为庚申帝子耳)。所以《明史》不采这些胡说,不能因《明史》的稿本出自明遗臣,故为之讳也。《清史》稿出于自命为清遗臣者,亦直谓康熙之母为汉人辽东著姓佟氏也。

官府记载与野记之对勘工夫,最可以《通鉴考异》为例。此书本来是记各种史料对勘的工夫者,其唐五代诸卷,因民间的材料已多,故有不少是仿这样比较的。因此书直是一部史料整理的应用逻辑,习史学者必人手一编,故不须抄录。

第三节　本国的记载对外国的记载

本国的记载之对外国的记载,也是互有短长的,也是不能一概而论的。大致说起,外国或是外国人的记载总是靠不住的多。传闻既易失真,而外国人之了解性又每每差些,所以我们现在看西洋人作的论中国书,每每是隔靴搔痒,简直好笑,然而外国的记载也有他的好处,他更无所用其讳。承上文第二节说,我们可说,他比民间更民间。况且本国每每忽略最习见同时却是最要紧的事,而外国人则可以少此错误。譬如有一部外国书说,中国为蓝袍人的国(此是几十年前的话),这个日日见的事实,我们自己何尝感觉到呢? 又譬如欧美时装女子的高跟鞋,实与中国妇女之缠足在心理及作用上无二致,然而这个道理我们看得明显,他们何尝自觉呢? 小事如此,大者可知。一个人的自记是断不能客观的,一个民族的自记又何尝不然? 本国人虽然能见其精细,然而外国人每每能见其纲领。显微镜固要紧,望远镜也要紧。测量精细固应在地面上,而一举得其概要,还是在空中便当些。这道理太明显,不必多说了。例也到处都是,且举一个很古的罢。

（《史记·大宛传》）自大宛以西至安息国,虽颇异言,然大同俗,相知言。其人皆深眼,多须髯。善市贾,争分铢。俗贵女子;女子所言而丈夫乃决正。

这不简直是我们现在所见的西洋人吗?（这些人本是希腊波斯与土人之混合种,而凭亚里山大之东征以携希腊文化至中亚者。）然而这些事实(一) 深眼,(二) 多须髯,(三) 善市贾,(四) 贵女子,由他们自己看来,都是理之当然,何必注意到呢? 外国人有这个远视眼,所以虽马哥孛罗那样胡涂荒谬,乱七八糟的记载,仍不失为世上第一等史料;而没有语言学人类学发达的罗马,不失其能派出一个使臣答西涂斯(Tacitus)到日耳曼回来,写一部不可泯灭的史料(De Cermania)。

第四节　近人的记载对远人的记载

这两种记载的相对是比较容易判别优劣的。除去有特别缘故者以外,远人的记载比不上近人的记载。因为事实只能愈传愈失真,不能愈传愈近真,譬如李心传的《建炎以来系年要录》,其中多有怪事,如记李易安之改嫁,辛稼轩之献谀,文人对此最不平,我也曾一时好事将此事记载查看过一回,觉得实在不能不为我们这两位文人抱冤。这都由于这位作者远在西蜀,虽曾一度参史局,究未曾亲身经验临安的政情文物;于是有文书可凭者尚有办法,其但凭口传者乃一塌糊涂了。这个情由不待举例而后明。

第五节　不经意的记载对经意的记载

记载时特别经意,固可使这记载信实,亦可使这记载格外不实,经意便难免于有作用,有作用便失史料之信实。即如韩退之的《平淮西碑》,所谓"点窜《尧典》《舜典》字,涂改《清庙》《生民》诗"者,总算经意了罢;然而用那样《诗》《书》的排场,那能记载出史实来? 就史料论,简直比段成式所作的碑不如。不经意的记载,固有时因不经意而乱七八糟,轻重不忖,然也有时因此保存了些原史料,不曾受"修改"之劫。

例如《晋书》、《宋史》,是大家以为诟病的。《晋书》中之小说,《宋史》中之紊乱,固是不可掩之事实;然而《晋书》却保存了些晋人的风气,《宋史》也保存了些宋人的传状。对于我们,每一书保存的原料越多越好,修理的越整齐越糟。反正二十四史都不合于近代史籍的要求的,我们要看的史料越生越好! 然则此两书保存的生材料最多,可谓最好。《新五代史记》及《明史》是最能锻炼的,反而糟了。因为材料的原来面目被他的锻炼而消灭了。班固引时谚曰:"有病不治,常得中医。"抄账式的修史,还不失为中医,因为虽未治病,亦未添病,欧阳《五代史记》的办法,乃真不了,因为乱下药,添了病。

第六节　本事对旁涉

本事对旁涉之一题,看来像是本事最要,旁涉则相干处少,然而有时候事实恰恰与此相反。因为本事经意,旁涉不经意,于是旁涉有时露马脚,而使我们觉得实在另是一回事,本事所记者反不相干矣。有时这样的旁涉是无意自露的,也有时是有意如此隐着而自旁流露个线索的,这事并不一样。也有许多既非无意自露,又非有意自旁流露,乃是考证家好作假设,疑神疑鬼弄出的疑案。天地间的史事,可以直接证明者较少,而史学家的好事无穷,于是求证不能直接证明的,于是有聪明的考证,笨伯的考证。聪明的考证不必是,而是的考证必不是笨伯的。

史学家应该最忌孤证,因为某个孤证若是来源有问题,岂不是全套议论都入了东洋大海吗? 所以就旁涉中取孤证每每弄出"亡是公子"、"非有先生"来。然若旁涉中的证据不止一件,或者多了,也有很确切的事实发见。举一例:汉武帝是怎么样一个人,《史记》中是没有专篇的,因为"今上本纪"在西汉已亡了。然而就太史公东敲西击所叙,活活的一个司马迁的暴君显出来,这虽不必即是真的汉武帝,然司马子长心中的汉武帝却已借此出来了。

第七节　直说与隐喻

我们可说,这只是上节本事对旁涉的一种;不过隐喻虽近旁涉,然究不可以为尽等于旁涉,故另写此一节。凡事之不便直说,而作者偏又不能忘情不说者,则用隐喻以暗示后人。有时后人神经过敏,多想了许多,这是常见的事。或者古人有意设一迷阵,以欺后人,而恶作剧,也是可能的事。这真是史学中最危险的地域呵!想明此例,且抄俞平伯先生《〈长恨歌〉及〈长恨歌传〉的传疑》一篇(抄全实太长,然不抄全无以明其趣)。

长恨歌及长恨歌传的传疑

尝读元人《秋夜梧桐雨》杂剧,写马嵬之变。玉环之尸被军马践踏,不复收葬,其言颇闪烁牵强。至洪昉思《长生殿》则以尸解了之,而改葬之时,便曰:"惨凄凄一匡空墓,杳冥冥玉人何去!"两剧写至此处,均作曲笔。而《长生殿·雨梦》一折更有新说,惟托之于梦。其词曰:"只为当日个乱军中祸殃惨遭,悄地向人丛里换妆隐逃,因此上流落久蓬飘。"而评者则曰:"才情竭处忽生幻想,真有水穷山尽坐看云起之妙。"洪君此作自为文章狡狯,以波折弄姿,别无深意;但以予观之,此说殆得《长恨歌》及《长恨歌传》之本旨。兹述其所见于后,佐证缺少,难成定论,姑妄言之,姑忘听之,亦所不废乎?

若率意读之,《长恨歌》既已乏味,而传尤为蛇足。歌中平铺直叙,婉曲之思与凄艳之笔并少,视《琵琶行》、《连昌宫词》且有逊色。至陈鸿作传,殆全与歌重复,似一言再言不嫌其多者然。其故殊难索解。夫以一代之名手抒写一代之剧迹,必有奇思壮采流布文坛,而今乃平庸拖沓如此,不称所期许,抑又何耶?

其间更有可注意者,马嵬之变,实为此故事之中心,玉环缢死,以后皆余文也。以今日吾人行文之法言之,则先排叙其宠盛,中出力写其惨苦,后更抒以感叹,或讽刺,如《长生殿弹词》之作法,称合作矣。而观此歌及传却全不如此,写至马嵬坡仅当全篇之半,此后则大叙特叙临邛道士,海山楼阁诸迹,皆子虚乌有之事耳,而言之凿凿焉。且以钗盒之重还与密誓之见诉,证方士之曾见太真。夫太真已死于马嵬,方士何得而见之?神仙之事,十九寓言,香山一老岂真信其实有耶?其不然明矣,明知其必不然,而故意以文实之,抑又何耶?

即此可窥歌传之本意,盖另有所在也。一篇必有其警策,如《琵琶行》以"同是天涯沦落人,相逢何必曾相识"为主意;《秦妇吟》以"一身苦兮何足嗟,山中更有千万家"为主意;独此篇之主恉,屡读之竟不可得。必不得已,只以"天长地久有时尽,此恨绵绵无绝期"当之。既以"长恨"名篇,此两语自当其点睛之笔,惟仅观乎此仍苦不明白,曰"此恨绵绵",曰"长恨",究何所恨耶?若以仓卒惨变为恨,则写至马嵬已足,何必假设临邛道士,玉妃太真耶?更何必假设分钗寄语诸艳迹耶?似马嵬之事不足为恨,而天人修阻为可恨者,抑又何耶?在《长恨歌传》之末曰:"夫希代之事非遇出世之才润色之,则与时消没,不闻于世,乐天深于诗多于情者也,试为歌之,如何?乐天因为《长恨歌》,意者不但感其事,亦欲惩尤物,窒乱阶,垂于将来也。歌既成,使鸿传焉。世所不闻者,予非开元遗民不得知;世所知者,有《明皇本纪》在。今但传《长恨歌》云尔。"在此明点此歌之作意,主要是感事,次要是讽谏。夫事既非真,感人何为?则其间必明明有一事在焉,非寓言假托之匹;云将引为后人之大戒,则其事殆丑恶,非风流佳话也。乐天为有唐之诗史,所谓以出世之才记希代之事,岂以欣羡豪奢,描画燕昵为能事哉?遇其平铺直叙处俱不宜正看,所谓繁华,其淫纵也;所谓风流,其丑恶也。按而不断,其意自明。陈鸿作传,惟恐后人不明,故点破之。

至作传之故,在此亦已明言。若非甚珍奇之事,则只作一歌可矣,只作一传亦可矣,初不必作歌之传,屋上架屋,床上叠床也。使事虽珍奇而歌意能尽且易知者,则传虽不作亦可也。惟其两不然,此传之所以作也。可分三层述之:歌之作意,非传将不明,一也;事既隐曲,以散文叙述较为明白,二也;传奇之文体,其时正流行,便于传布,三也。其尤可注意者为"世所不闻者"以下数语,其意若曰当时之秘密,我未亲见亲闻,自不得知,若人人皆知,明皇贵妃之事,则载在正史,又不待我言,我只传《长恨歌》中所述这一段异文而已。总之,白陈二氏仅记其所闻,究竟是否真确,二君自言非开元遗民不得知,遑论今日我辈也?予亦只释《长恨歌》云尔,究竟歌中本意是否如此,亦无从取证他书,予只自述其所见云尔。

《长恨歌》立意于第一句已点明,所谓"汉皇重色思倾国",是明皇不负杨妃,负国家耳。开门见山,断语老辣。至于叙述,若华清宫马嵬坡皆陪衬之笔,因既载《明皇本纪》,为世所知,所感者必另有所在而非仅此等事,陈鸿之言本至明白。结语所谓"此恨绵绵",标题所谓"长恨",乃家国之恨,非仅明皇太真燕私之恨也。否则太真已仙去,而"天上人间会相见",是有情之美满,何恨之有,何长恨之有? 论其描画,叙繁华则近荒,记姝丽则近亵,非无雅笔也,乃故意贬斥耳。传所谓乐天深于诗,观此良确。综观此篇,其结构似疏而实密,似拙而实巧,其词笔似笨重而实空虚,其事迹似可喜而实可丑;家弦户诵已千年矣,而皆被古人瞒过了,至为可惜。

旁证缺乏,兹姑以本文明之。此篇起首四句即是史笔,"汉皇重色思倾国",自取灭亡也。"杨家有女初长成,养在深闺人未识",明明真人面前打谎语,史称开元二十三年冬十二月册寿王妃杨氏,至天宝四载秋七月册寿王妃韦氏,八月以杨太真为贵妃。太真为寿王妃十余年之久,始嫔于明皇,乃曰"初长成"、"人未识",非恶斥而何? 若曰回护,则上讳尊者,正宜含胡掩饰,何必申申作反语哉? 今既云云,则惟恐后人忽视耳。且其言与传意枘凿。传云:"诏高力士潜搜外宫,得宏农杨元琰女于寿邸,既笄矣。"其中亦有曲笔,如不曰寿王妃而曰杨女,不曰既嫔而曰既笄,然外宫与深闺其不同亦甚矣。读者或以"宛转蛾眉"之句,疑玉环若未死于马嵬,则于文义为牴牾,请以此喻之,试观此二语,亦可如字解否? 可知《长恨歌》中实有些微词曲笔,非由一二人之私见傅会而云然,以下所言始不病其穿凿。上半节铺排处均内含讽刺,人所习知,惟关系尚少。最先宜观其叙述马嵬之变,歌曰:"六军不发无奈何，宛转蛾眉马前死。花钿委地无人收，翠翘金雀玉搔头。君王掩面救不得，回看血泪相和流。"传曰："上知不免而不忍见其死，反袂掩面，使牵之而去，苍黄展转，竟就绝于尺组之下。"其所叙述有两点相同，可注意：(1) 传称不忍见其死，反袂掩面，使牵之去，是玉环之死，明皇未见也。歌中有"君王掩面"之言，是白陈二氏说同。(2) 歌称"宛转蛾眉马前死"，即传之"苍黄展转竟就绝于尺组之下"也，宛转即展转，而传意尤明白，苍黄展转，似极其匆忙捣乱，而竟就绝于尺组之下者，与夫死于马前之娥眉，究竟是否贵妃，其孰知之哉？而明皇固掩面反袂未见其死也。歌中"花钿"句，似有微意，此二句就文法言，当云花钿、翠翘、金雀、玉搔头、委地无人收，诗中云云，叶律倒置耳，诸饰物狼藉满地，似人蝉脱而去者然。《太真外传》云："妃之死日，马嵬媪得锦袎袜一只，相逢过客一玩百钱，前后获钱无数。"不特诸饰物纷堕，并锦袜亦失其一，岂不异哉？使如正史所记，命力士缢杀贵妃于佛堂，舆尸置驿庭，召玄礼等入观之，其境况殆不至如此也。

窃以为当时六军哗溃，玉环直被劫辱，挣扎委顿，故钗钿委地，锦袜脱落也。明皇则掩面反袂，有所不忍见，其为生为死，均不及知也。诗中明言"救不得"，则赐死之诏旨当时殆决无之。传言"使牵之而去"，大约牵之去则有之，使乎使乎？未可知也。后人每以马嵬事訾三郎之负玉环，冤矣。其人既杳，自不得不觅一替死鬼，于是"蛾眉"苦矣。既可上覆君王，又可下安六军，驿庭之尸俾众入观者，疑即此君也。或谓玄礼当识贵妃，何能指鹿为马？然玄礼既身预此变而又不能约束乱兵，则装聋做哑，含胡了局，亦在意中；故陈尸入视，即确有其事，亦不足破此说。至《太真外传》述其死状甚悉，乐史宋人，其说固后起，殆演正史而为之。

玉环以死闻，明皇自无力根究，至回銮改葬，始证实其未死。改葬之事，传中一字不提，歌中却说得明明白白："马嵬坡下泥土中，不见玉颜空死处。"夫仅言马嵬坡下不见玉颜，似通常凭吊口气；今言泥土中不见玉颜，是尸竟乌有矣，可怪孰甚焉？后人求其说而不得，从而为之辞，曰肌肤消释(《太真外传》)，曰乱军践踏，曰尸解(均见上)，其实皆牵强不合。予谓《长恨歌》分两大段，自首至"东望都门信马归"为前段，自"归来池苑皆依旧"至尾为后段，而此两句实为前后段之大关键。觅尸既不得，则临邛道士之上天下地为题中应有之义矣。其实明皇密遣使者访问太真，临邛道士鸿都客则托辞耳；歌言"汉家天子使"，传言"使者"，可证此意。

观其访问之迹，又极其奇诡。传曰："方士乃竭其术以索之，不至；又能游神驭气，出天界，没地府以求之，不见，又旁求四虚上下,东极大海,跨蓬壶,见最高仙山上多楼阙,西厢下有洞户东向,阖其门,署曰玉妃太真院。"歌曰:"排空驭气奔如电,升天入地求之遍。上穷碧落下黄泉,两处茫茫皆不见。忽闻海上有仙山,山在虚无缥渺间。楼阁玲珑五云起,其中绰约多仙子。中有一人字太真,雪肤花貌参差是。"最不可解者为碧落黄泉皆无踪迹,而乃得之海山,人死为鬼宜居黄泉,即诗人之笔不忍以绝代丽质付之沈沦,升之碧落可矣,奚必海山哉?且歌传之旨俱至明晰,传云旁求四虚,明未曾升仙作鬼,仍居人间也;歌云两处茫茫皆不见,意亦正同;"忽闻"以下,尤可注意,自"海上有仙山"至"花貌参差是",皆方士所闻也。使玉妃真居仙山,则孰见之而孰言之,孰言之而孰闻之耶?岂如《长生殿》所言天孙告杨通幽耶?夫马嵬坡下泥土中既失其尸矣,碧落黄泉既不得其魂魄矣,则羁身海山之太真,仙乎,鬼乎,人乎?明眼人必能辨之。且歌中此节,多狡狯语,"山在虚无缥渺间",是言此亦人间一境耳,非必真有如此之海上仙山也。"其中绰约多仙子",似群雌粥粥,太真盖非清净独居,唐之女道士院本迹近倡家,非佳语也。"中有一人字太真",上甫云多仙子,而此偏曰中有一人,明明点出一"人"字;"雪肤花貌参差是",是方士未去以前,且有人见太真矣。其境界如何,不难想见。

写方士之见太真,正值其睡起之时,传曰:"碧衣云,玉妃方寝,请少待之。于是云海沉沉,洞天日晚,琼户重阖,悄然无声。方士屏息敛足拱手门下,久之而碧衣延入。"歌曰:"闻道汉家天子使,九华帐里梦魂惊。揽衣推枕起徘徊,珠箔银屏迤逦开。云鬓半偏新睡觉,花冠不整下堂来。"依传言,方士待之良久;依歌言,玉妃起得极仓皇,既曰"梦魂惊",而"云鬓""花冠"两句又似钗横鬓乱矣,其间有无弦外微音,不敢妄说。

传为传奇体,小说家言或非信史,虽陈鸿是史家,而白氏之歌行实诗史之巨擘,若所闻非实,又有关碍本朝,乌得而妄记耶?至少,宜信白氏之确有所闻,而所闻又惬合乎情理;否则,于尚论古人有所难通。吾辈既谓方士觅魂之说为非全然无稽,则可进一步考察其曾见杨妃与否;因使觅杨妃是一事,而觅着与否又是一事。依歌传所描写,委宛详尽明画如斯,似真见杨妃矣,然姑置不论。方士(姑以方士名之)持回之铁证有二:一为钿盒金钗,二为天宝十载密誓之语。夫钗盒或可偷盗拾取(近人有以"翠钿委地"句为钗盒之来原,亦未必然),而密誓殊难臆造。观传曰:"夜殆半,休侍卫于东西厢,独侍上,上凭肩而立,因仰天感牛女事,密相誓心,愿世世为夫妇……此独君王知之耳。"歌曰:"七月七日长生殿,夜半无人私语时。"曰"独侍",曰"凭肩",曰"无人私语",是非方士所能窃听也。窃听既不得，臆造又不能，是方士确已见太真也。钿盒金钗人间之物，今携之而返，是且于人世见太真也。至于"天上人间会相见"，则以空言结再生之缘耳，正如玉溪生所云"海外徒闻更九州，他生未卜此生休"，非有其他深意。"昭阳殿里恩爱绝，蓬莱宫中日月长"，明谓生离，不谓死别，况太真以贵妃之尊乃不免风尘之劫，贻闺壶之玷，可恨孰甚焉？故结之曰"天长地久有时尽，此恨绵绵无绝期"，言其耻辱终古不泯也。否则，马嵬之变，死一妇人耳，以长恨名篇，果何谓耶？

明皇知太真之在人间而不能收覆水，史乘之事势甚明，不成问题。况传曰："使者还奏太上皇，皇心震悼，日日不豫，其年夏四月南宫晏驾。"是明皇所闻本非佳讯，即卒于是年（肃宗宝应元年），而太真之死或且后于明皇也。按依章实斋氏所考，则其时太真亦一媪矣，而犹摇曳风情如此，亦异闻矣。吾以为其人大似清末之赛金花，而《彩云曲》实《长恨歌》之嫡系也。惟此等说法，大有焚琴煮鹤之诮耳。

爬梳本文，实颇明白而鲜疑滞，惟缺旁证为可憾耳。杜少陵之《哀江头》亦传太真事，曰："明眸皓齿今何在？血污游魂归不得。清渭东流剑阁深，去住彼此无消息。"曰去住，曰彼此，不知何指。若以此说解之，则上二句疑其已死，下二句又疑其或未死，两说并存欤？惟旧注以上指妃子游魂，下指明皇幸蜀，其说亦可通，故不宜曲为比附，取作佐证。且此事隐秘，事后渐流布于世，若乐天时闻之，在少陵时未必即有所闻也。他日如于其他记载续有所得，更当补订，以成信说。

今日仅有本文之直证，而无他书之旁证，只可传疑，未能取信。要之，当年之实事如何是一事，所传闻如何另是一事；故即使以此新说解释《长恨歌传》十分圆满，亦不过自圆其说而已，至多亦不过揣得作歌传之本旨而已（即此已颇夸大）。若求当年之秘事，则当以陈鸿语答之曰："世所不闻者，予非开元遗民不得知。"

（附记一）明皇与肃宗先后卒于同年，肃宗先病而明皇之卒甚骤，疑李辅国惧其复辟而弑之，观史称辅国猜忌明皇，逼迁之于西内，流放高力士，不无蛛丝马迹。唐人亦有疑之者，韦绚《戎幕闲谈》曰："时肃宗大渐，辅国专朝，意西内之复有变故也。"此事与清季德宗西后之卒极相似。亦珍闻也。

（附记二）又宋王铚《默记》："元献（晏元献）因为僚属言唐小说：唐玄宗为上皇迁西内，李辅国令刺客夜携铁槌击其脑，玄宗卧未起，中其脑，皆作磬声，上皇惊谓刺客曰：'我固知命尽于汝手，然叶法善劝我服玉，今我脑骨皆成玉，且法善劝我服金丹，今有丹在首，固自难死，汝可破脑取丹，我乃可死矣。'刺客如其言，取丹乃死。"孙光宪《续通录》云："玄宗将死云:'上帝命我作孔升真人。'爆然有声,视之崩矣,亦微意也。"此亦可与上节参看。

十六年十一月十五日(留)

这是一篇很聪明的文章——对不对却另是一回事——同时也是一篇很自知分际的文章。此文末节所说甚诚实,我们生在百千年以后,要体会百千年以前的曲喻,只可以玩弄聪明,却不可以补苴信史也。

第八节 口说的史料对著文的史料

此一对当,自表面看来,我们自然觉得口说无凭,文书有证,其优劣之判别像是很简单的。然而事实亦不尽然。笔记小说虽是著于文字的材料,然性质实在是口说,所以口说与著文之对当在此范围内,即等于上文第二节所论列,现在不须再说,但说专凭口说传下来的史料。

专凭口说传下来的史料,在一切民族的初级多有之。《国语》(《左传》一部分材料在内)之来源即是口说的史料,若干战国子家所记的故事多属于此类。但中国的文化,自汉魏以来,有若干方面以文字为中心。故文字之记载被人看重,口说的流传不能广远;而历代新兴的民间传说,亦概因未得文人为之记录而失遗。宫帷遗闻,朝野杂事,每不能凭口说传于数十年之后,反观古昔无文字之民族,每有巫祝一特殊阶级,以口说传史料,竟能经数百年,未甚失其原样子者(《旧约》书之大部分由于口传,后世乃以之著史)。故祝史所用之语,每非当时之普通语言,而是早若干时期之语言。此等口传的史料,每每将年代、世系、地域弄得乱七八糟,然亦有很精要的史事为之保留。转为文书史料所不逮。汉籍中之《蒙古源流》,即其显例也。

古代及中世之欧洲民族所有之口传史料,因文化之振兴及基督教之扩张而亡遗,独其成为神话作为诗歌者,以其文学之价值而得幸存,然已非纯粹之口传史事矣。近代工业文明尤是扫荡此等口传文学与史事者,幸百年之前,德俄诸国已有学者从事搜集,故东欧西亚之此等文学与史料,尚藉此著于文字者不少,而伊兰高加索斯拉夫封建之故事,民族之遗迹,颇有取资于此,以成今日史事知识者焉。

中国历史分期之研究

    凡研治"依据时间以为变迁"之学科,无不分期别世,以御纷繁,地质史有"世纪"、"期"、"代"之判,人类进化史有"石世"、"铜世"、"铁世"、"电世"之殊。若此类者,皆执一事以为标准,为之判别年代。一则察其递变之迹,然后得其概括;一则振其纲领之具,然后便于学者。通常所谓历史者,不限一端,而以政治变迁、社会递嬗为主体。试为之解,则人类精神之动作,现于时间,出于记载,为历史。寻其因果,考其年世,即其时日之推移,审其升沉之概要,为历史之学。历史学之所有事,原非一端,要以分期,为之基本。置分期于不言,则史事杂陈,樊然淆乱,无术以得其简约。疏其世代,不得谓为历史学也。世有以历史分期为无当者,谓时日转移,无迹可求,必于其间,斫为数段,纯是造作。不知变迁之迹,期年记之则不足,奕世计之则有余。取其大齐,以判其世,即其间转移历史之大事,以为变迁之界,于情甚合,于学甚便也。

西洋历史之分期,所谓"上世"、"中世"、"近世"者,与夫三世之中,所谓(Subdivisions)在今日已为定论。虽史家著书,小有出入,大体固无殊也。返观中国,论时会之转移,但以朝代为言。不知朝代与世期,虽不可谓全无关涉,终不可以一物视之。今文春秋有"见闻"、"传闻"之辩,其历史分期之始乎?春秋时代过短,判别年限,又从删述者本身遭际而言,非史书究竟义;后之为史学者,仅知朝代之辩,不解时期之殊,一姓之变迁诚不足据为分期之准也。日本桑原隲藏氏著《东洋史要》(后改名《支那史要》),始取西洋上古、中古、近古之说以分中国历史为四期。近年出版历史教科书,概以桑原氏为准,未见有变更其纲者。寻桑原氏所谓四期,一曰上古,断至秦皇一统,称之为汉族缔造时代。二曰中古,自秦皇一统至唐亡,称之为汉族极盛时代。三曰近古,自五季至明亡,称之为汉族渐衰,蒙古族代兴时代。四曰近世,括满清一代为言,称之为欧人东渐时代。似此分期,较之往日之不知分期,但论朝代者,得失之差,诚不可量。然一经中国著史学教科书者尽量取用,遂不可通。桑原氏书,虽以中华为主体,而远东诸民族自日本外,无不系之。既不限于一国,则分期之议,宜统合殊族以为断,不容专就一国历史之升降,分别年世,强执他族以就之。所谓汉族最盛时代,蒙古族最盛时代,欧人东渐时代者,皆远东历史之分期法,非中国历史之分期法。中国学者强执远东历史之分期,以为中国历史之分期,此其失固由桑原,又不尽在桑原也。且如桑原所分,尤有不可通者二端:一则分期标准之不一,二则误认历来所谓汉族者为古今一贯。请于二事分别言之。凡为一国历史之分期者,宜执一事以为标准。此一事者,一经据为标准之后,便不许复据他事别作标准。易词言之,据以分割一国历史时期之标准,必为单一,不得取标准于一事以上。如以种族之变迁分上世与中古,即应据种族之变迁分中世与近世,不得更据他事若政治改革、风俗易化者以分之。若既据种族以为大别,不得不别据政治以为细界,取政治以为分本者,但可于"支分"中行之(Subdivision)。不容与以种族为分别者平行齐列。今桑原氏之分期法,始以汉族升降为别,后又为东西交通为判,所据以为分本者,不能上下一贯,其弊一也。

中国历史上所谓"诸夏"、"汉族"者,虽自黄唐以来,立名无异。而其间外族混入之迹,无代不有。隋亡陈兴之间,尤为升降之枢纽。自汉迄唐,非由一系。汉代之中国与唐代之中国,万不可谓同出一族,更不可谓同一之中国。取西洋历史以为喻,汉世犹之罗马帝国,隋唐犹之察里曼后之罗马帝国,名号相衍,统绪相传,而实质大异。今桑原氏泯其代谢之迹,强合一致,名曰"汉族极盛时代",是为巨谬(说详次节),其弊二也。凡此二弊,不容不矫。本篇所定之分期法,即自矫正现世普行桑原氏之分期法始。

以愚推测所及者言之,欲重分中国历史之期世,不可不注意下列四事。

一、宜知中国所谓汉族于
陈隋之间大起变化

唐虞三代以至秦汉,君天下者皆号黄帝子孙。虽周起岐,汧秦起邠渭,与胡虏为邻,其地其人,固不离于中国。故唐虞以降,下迄魏晋,二千余年间,政治频革,风俗迥异,而有一线相承,历世不变者,则种族未改是也。其间北狄南蛮,入居边境,同化于汉族者,无代无有。然但有向化,而无混合。但有变夷,而无变夏。于汉族之所以为汉族者,无增损也。至于晋之一统,汉族势力已成外强中干之势,永嘉建宁之乱,中原旧壤,沦于朔胡,旧族黎民,仅有孑遗,故西晋之亡,非关一姓之盛衰,实中原之亡也。重言之,周秦汉魏所传之中国,至于建兴而亡也。所幸者,江东有孙氏,而后缔造经营,别立国家,虽风俗民情,稍与中原异贯,要皆"中国之

旧衣冠礼乐之所就，永嘉之后，江东贵焉"。为其纂承统绪，使中国民族与文化不随中原以俱沦也。江东之于中原，虽非大宗，要为人桃之别子。迄于陈亡，而中国尽失矣。王通作《元经》，书陈亡，而具晋、宋、齐、梁、陈五国，著其义曰："衣冠文物之旧……君子与其国焉，曰犹我中国之遗民也。"（《元经》卷九）故长城公丧其国家，不仅陈氏之亡，亦是江东衣冠道尽（改用陈叔宝语），江东衣冠道尽，是中国之亡。周秦汉魏所传之中国，至于建兴而丧其世守之域，至于祯明而亡其枝出之邦。祯明之在中国，当升降转移之枢纽，尤重于建兴，谈史者所不可忽也。

继陈者隋，隋外国也。继隋者唐，唐亦外国也。何以言之？君主者，往昔国家之代表也。隋唐皇室之母系，皆出自魏虏，其不纯为汉族甚明。唐之先公，曾姓大野，其原姓李氏，而赐姓大野欤？抑原姓大野，而冒认李姓欤？后人读史，不能无疑也。此犹可曰，一姓之事，无关中国也。则请举其大者言之。隋唐之人，先北朝而后南朝，正魏周而伪齐陈，直认索虏为父，不复知南朝之为中国。此犹可曰史家之词，无关事实也。则请举其更大者言之。隋唐将相，鲜卑姓至多，自负出于中国甲族之上；而皇室与当世之人，待之亦崇高于华人，此犹可曰贵族有然，非可一概论也。则请举其民俗言之。琵琶卑语，胡食胡服（见《颜氏家训》、《中华古今注》等书),流行士庶间,见于载记,可考者甚繁。于此可知,隋唐所谓中华,上承拓拔宇文之遗,与周汉魏晋不为一贯,不仅其皇室异也。风俗政教,固大殊矣。为史学者,不于陈亡之日,分期判世,而强合汉唐以一之,岂知汉唐两代民族颇殊,精神顿异,汉与周秦甚近,而与唐世甚远。唐与宋世甚近,而与南朝甚远。此非以年代言也。以历朝所以立国,所以成俗之精神,察之然后知其不可强合。今吾断言曰,自陈以上为"第一中国",纯粹汉族之中国也。自隋至宋亡为"第二中国",汉族为胡人所挟,变其精神,别成统系,不蒙前代者也。

二、宜知唐宋两代有汉胡消长之迹南宋之亡又为中国历史一大关键

自隋迄宋,为"第二中国",既如上所述矣。此八百年中,虽为一线相承,而风俗未尝无变。自隋至于唐季(五代之名,甚不可通,中原与十国,地丑德齐,未便尊此抑彼。其时犹是唐之叔世,与其称为五季,不如称为唐季。可包南北一切列国,说详拙著札记),胡运方盛,当时风俗政教,汉胡相杂,虽年世愈后,胡气愈少,要之胡气未能尽灭。读唐世史家所载,说部所传,当知愚言之不妄也。至于周宋,胡气渐消,以至于无有。宋三百年间,尽是汉

风。此其所以异于前代者也。就统绪相承以为言,则唐宋为一
贯,就风气异同以立论,则唐宋有殊别,然唐宋之间,既有相接不
能相隔之势,斯惟有取而合之,说明之曰"第二中国",上与周汉魏
晋江右之中国,对待分别可也,此"第二中国"者,至于靖康而丧其
中原,犹晋之永嘉,至于祥兴而丧其江表,犹陈之祯明。祥兴之
亡,第二中国随之俱亡,自此以后全为胡虏之运,虽其间明代光复
故物,而为运终不长矣。祥兴于中国历史之位置,尤重于祯明。
诚汉族升降一大关键也。

三、宜据中国种族之变迁
升降为分期之标准

如上所云,"第一中国"、"第二中国"者,皆依汉族之变化升降
以立论者也。陈亡隋代,为汉族变化之枢纽。宋亡元代,为汉族
升降之枢纽。今为历史分期,宜取一事以为标准,而为此标准者,
似以汉族之变化升降为最便。研究一国历史,不得不先辨其种
族,诚以历史一物。不过种族与土地相乘之积,种族有其种族性,
或曰种族色者(Racial colour),具有主宰一切之能力。种族一经变
化,历史必顿然改观。今取汉族之变化升降以为分期之标准,既
合名学"分本必一之说",又似得中国历史上变化之扼要,较之桑

原氏忽以汉族盛衰为言,忽以欧人东渐为说者,颇觉简当也。

四、宜别作"枝分"(Subdivision), 勿使与初分相混

如上所言,既以汉族之变化与升降为上世、中世、近世分期之标准,而每世之中,为年甚长,政俗大有改易,不可不别作"枝分",使之纲目毕张。兹以政治变迁为上世枝分之分本,风俗改易为中世枝分之分本,种族代替为近世枝分之分本,合初分与枝分,图为下表,而说明之。

周平王东迁以前,世所谓唐虞三代,此时期中。虽政治不无变化,而其详不可得闻,既无编年之史(《竹书纪年》不足信),又多传疑之说(夏殷无论,即如两周之文王受命,周公居东,历王失国诸事,异说分歧,所难折衷)。惟有比而同之,以为"传疑时代"。盖平王以降,始有信史可言也。东周数百年间,政治风俗,上与西周有别,下与秦汉异趣。其时学术思想昌明,尤为先后所未有,故自为一期。

上古第三期,括秦、汉、魏、西晋四朝,为其政治成一系也。

上古第四期,括东晋、宋、齐、梁、陈五朝,为其政治成一系,风俗成一贯也。

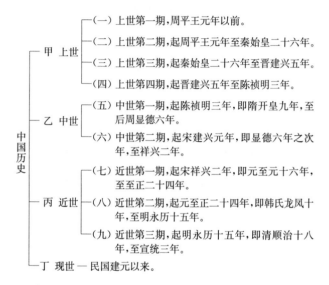

中国历史

甲　上世
(一) 上世第一期,周平王元年以前。
(二) 上世第二期,起周平王元年至秦始皇二十六年。
(三) 上世第三期,起秦始皇二十六年至晋建兴五年。
(四) 上世第四期,起晋建兴五年至陈祯明三年。

乙　中世
(五) 中世第一期,起陈祯明三年,即隋开皇九年,至后周显德六年。
(六) 中世第二期,起宋建兴元年,即显德六年之次年,至祥兴二年。

丙　近世
(七) 近世第一期,起宋祥兴二年,即元至元十六年,至至正二十四年。
(八) 近世第二期,起元至正二十四年,即韩氏龙凤十年,至明永历十五年。
(九) 近世第三期,起明永历十五年,即清顺治十八年,至宣统三年。

丁　现世 — 民国建元以来。

说明:上世、中世、近世之所由分,与中世第一、第二两期之所由分,俱详前。

近世第一期,括蒙古一代。第二期括明朝始终。第三期括满清一代。近世独以朝代为分者,以朝代之转移,即民族势力之转移故也。

分世别期,最难于断年。前期与后期交接之间,必有若干年岁,为过渡转移时代。合于前世,既觉未安,合于后期,更觉不可。今为画一之故,凡过渡时代均归前期。如上世、中世之交,有数朝为过渡转移期,全以归于上世。必于陈亡之后,始著中世。又如上古第一期与第二期之交，周赧入秦，与始皇一统间，数十年为过渡。今以附于第一期，必俟六国次第以亡，然后著第二期。一切分期，除近世第一期外，俱仿此。近世第一期所以独为例外者，以元人入中国，与往例不同。未入中国时，固在朔漠，号称大汗。既摈出之后，又复其可汗之名，此于中国纯为侵入，故第二、第三期间，以吴始建国为断，不以顺帝北去为断。

分中国历史为如是三世，固觉有奇异之感焉。则三世者，各自为一系，与上不蒙，而上世、中世又有相似之平行趋向是也。北魏、北周第二期之缔造时，与上不相蒙者也。辽金第三期之缔造时，与上不相蒙者也。中世之隋唐，犹上世之秦汉，同为武功极盛之世。隋之一统与秦之一统，差有相似之点。中世之北宋，犹上世之魏晋，同为内政安人、外功不张之世。中世之南宋，犹上世之江左，同为不竞之世。南宋之亡，尤类陈亡。此上世、中世平行之趋向，不待详言者也。中世与近世，趋向绝殊，固由承宇文者为隋，代完颜者为元，辽与魏，金与周，已不可强同。元、隋更大异其性。此后之历史，遂毫无相似者矣。简言之，上世一系之中，所有朝代，但有相传，而无相灭；中世一系之中，亦但有相传，而无相灭；近世一系之中，但有相灭，而无相传。是非以帝族言也。以其立国之道，察之如是云尔。

　　余为此分期法,读者宜有所疑,以谓"梁陈不竞,半虏之隋唐,代承统绪,本汉族甚不名誉之事,如今日通行之分期法,合汉唐而一之,此丑可掩。今分而为二,非所以扬历史之光荣也"。余将答此说曰,学问之道,全在求是。是之所在,不容讳言其丑。今但求是而已,非所论于感情。余深察汉、唐两代,实不能此而同之,纵使违心徇情,比而同之,读史者自可发觉,欺人无益也。陈隋间之往事,曷尝不堪发愤。要不可与研究史学之真相,混合言之。

　　　　　　　　(原载 1918 年 4 月 17 日至 23 日《北京大学日刊》)

致蔡元培：^①论哲学门
隶属文科之流弊

校长先生钧鉴：

月来学生对于吾校哲学门隶属文科之制度，颇存怀疑之念，谨贡愚见于次。

以哲学、文学、史学统为一科，而号曰文科，在于西洋恐无此学制。日本大学制度，本属集合，殊国性质至不齐一之学制，而强合之。其不伦不类，一望而知。即以文科一端而论，卒业于哲学门者，乃号"文学士"。文科之内，有哲学门，稍思其义，便生"觚不觚"之感也。

中国人之研治哲学者，恒以历史为材料，西洋人则恒以自然科学为材料。考之哲学历史，凡自然科学作一大进步时，即哲学发一异彩之日，以历史为哲学之根据，其用甚局，以自然科学为哲学之根据，其用至博。美国研治科学，得博士位者，号"哲学博士"。英国牛津诸大学，研治哲学，得博士位者，号"科学博士"。于是可知哲学与科学之关系长，而与文学之关系薄也。

今文科统括一门，曰哲学、曰文学、曰史学。文史两途，性质固不齐一。史为科学，而文为艺术。今世有以科学方法，研治文学原理者，或字此曰 Science of Literature（见《赫胥黎杂论集》），或字此曰 Philosophy of Literature（赫文引他说），然是不过文学研究之一面。其主体固是艺术，不为科学也。虽然文史二事，相用至殷，自通常观之，史书之文，为文学之一部，而中国"文史"一称，相习沿用久矣。循名责实，文史二门，宜不必分也。返观哲学，于文学绝少联络，不可以文史合科之例衡之。

以为哲学、文学，联络最为密切；哲学、科学，若少关系者，中国人之谬见然也。盖习文学者，恒发为立想，作玄谈者，每娴于文学，不知文学本质，原属普遍。西洋为哲学者，固恒有文学之兴会，其为科学者，亦莫不然。文学家固多兼诣哲学者，其兼诣科学者，尤不少也。中国文学，历来缺普及之性，独以高典幽艰为当然；又以无科学家，而文士又惯以玄语盖其浅陋，遂致文学与科学之关系，不可得见，反以哲学、文学、史学为三位一体焉。今为学制,宜祛此惑,不宜仍此弊也。

文学与哲学合为一门,于文学无害也,而于哲学则未当。何以言之,习文学者,能谋哲学学科之联络,其运用文学之思想,必不浅陋,然哲学取资于文学处,殊可概见。哲学主知,文学主情,哲学于各种问题恒求其能决,文学则恒以不解解之,哲学于事理分析毫厘,文学则独以感象为重,其本异,其途殊。今固不可谓哲学与文学渺不相干,然哲学所取资于文学者较之所取资于科学者固不及什一也。

一年以前,吾国之哲学门仅可谓为"大清国大学经科理学门"(清季学制经科有理学门,文科无哲学门),不足当哲学门之名。诚以所授诣者,不为古典之学(Classicism),便是怪秘之论(Mytholozy),何有于哲学。今以教员之选,课程之革,大愈于前矣,然若不出哲学门于文科,入之理科,一般人之观念,犹如昔也。自学生观察所及者言之,同学诸君,以及外人,对于文科之观念,恒为空虚之府,其志愿入此门者,绝不肯于自然科学,多所用心。持是心理以观哲学,本此见识以学哲学,去哲学之真,不亦远乎? 今学生所以主张哲学门应归入理科者,不仅按名求实,以为哲学不应被以文科之名也,实缘哲学入之文科,众多误会,因之以生;若改入理科,则大众对之,观念顿异,然后谋哲学与理科诸门课程上之联络。一转移间，精神上之变革，为不少矣。

若就教授上之联络而论，哲学门尤宜人之理科，物理门之理论物理，化学门之理论化学，数学门之天文学、聚数论、微积分，动植物门之生物学、人类学，皆与哲学有亲切之关系。在于西洋，凡欲研治哲学者，其算学知识，必须甚高；其自然科学知识，必具大概。今吾校之哲学门，乃轻其所重，绝不与理科诸门谋教授上之联络，窃所未喻也。

今之文预科，为预备入文学、哲学、史学三门而设，无所区别，试问此三门之预科，固应课程齐一耶。哲学门之预科，应注重数学、物理；文学、史学之预科，则不必然。又同学科，对于预备习文学之人，与对于预备习哲学之人，应异其教授范围与其方法。哲学门之预科，其性质当与理科为近，而于文学门预科为远也。

总而言之，为使大众对于哲学有一正确之观念，不得不入之理科；为谋与理科诸门教授上之联络，不得不入之理科；为预科课程计，不得不入之理科。

然如此改革，事实上容有困难，即此兼统哲、理两方之学长，人选已至不易。必不得已，惟有使哲学门独立为一科，今之文、理两科，变作哲、理、文三科也。若疑哲学一门，不能成科，则性质同者。虽万门不妨归之一科,性质介立,虽一门不嫌单独也。

若犹以如此改革,牵动学制,非可率然为之者,则学生为最少量之请求,乞分文预科为两类,一为哲学门设者,一为文学史学门设者。其哲学门预科之课程与教授之范围及方法,应与文学、史学门预科异其旨趣。

以上所言,不过一时率然想到,恐不尽当。可否之处,乞斟酌。

学生　傅斯年谨启

八月九日

案傅君以哲学门隶属文科为不当,诚然。然组入理科,则所谓文科者,不益将使人视为空虚之府乎?治哲学者不能不根据科学,即文学、史学,亦何莫不然。不特文学、史学近皆用科学的研究法也。文学必根据于心理学及美学等,今之实验心理学及实验美学,皆可属于理科者也。史学必根据于地质学、地文学、人类学等,是数者皆属于理科者也。如哲学可并入理科,则文史亦然。如以理科之名,仅足为自然科学之代表,不足以包文学,则哲学之玄学,亦决非理科所能包也。至于分设文、哲、理三科,则彼此错综之处更多。以上两法似皆不如破除文、理两科之界限,而合组为大学本科之为适当也。

蔡元培附识

（原载 1918 年 10 月 8 日《北京大学日刊》）

---

① 编者按：原标题为"傅斯年致校长函"，现改用此题。

评丁文江的《历史人物与地理的关系》

（与顾颉刚书中的一节）

这篇文章我非常的爱读,当时即连着看了好几遍。我信这篇文章实在很有刺激性,就是说,很刺激我们从些在欧洲虽已是经常,而在中国却尚未尝有人去切实的弄过的新观点,新方术,去研究中国历史。又很提醒我们些地方。但这篇文章的功绩,在此时却只是限于这个胎形,看来像是有后文,我们却不能承认其中证求得的事实为成立。而且这种方法也不是可以全不待讨论的。丁先生的文章我只看见过《中国与哲嗣学》的下半篇和这篇和"科玄之战"的文章。从科玄之战的文章看来(特别是后一篇),可以知道作者思想的坚实分析力,在中国现在实在希有,决非对手方面的人物所能当,而他这一些文章,都给我一个显然的印观,就是丁君在求学问的线路上,很受了 Sir Francis Galton、Prof. Karl

Pearson一派的影响,而去试着用统计方法于各种事物上,包括着人文科学。这实在是件好事。我们且于丁先生的施用上,仔仔细细看一下子。

(点一)拿现在的省为单位去分割一部"二十四朝之史"(从曾毅先生的名词)中的人物,不能说没有毛病。把现在省拿来作单位,去分割元明清三朝的人物是大略可以的;拿省作单位去分割前此而上的人,反而把当时人物在当时地理上的分配之真正perspective零乱啦。略举一两个例,汉时三辅三河七郡合来成一个司隶校尉部区,三辅是京畿,而三河每可说是京畿文物之别府,文物最高的地方。这实在是一个单位。而若拿现在省划分,使得三辅与当年的边塞为一单位,三河大部分与汝汉为一单位,小部分与雁门代郡为一单位,便把当时人物照当时地理(就是说郡国)分配的样子失啦。丁先生的表是个英语文法在汉语中分配的表,而从此推论到"即如前汉的都城在陕西,而陕西所出的人物,还抵不上江苏,更不必说山东河南了"。仿佛像是几百或千年后北京划得与东蒙车臣汗沙漠同区,统名蓟北部,有历史家曰,"蓟北是千年建都之地,而所出人物,反不及今一中部,更不必说大部了"。这话可以行吗?假如我们不拿现在的省为单位,而拿当年的郡国为单位,恐怕这话就不这样了。东汉于郡上有了州,说起来容易些。东汉的陕西所以人物少者，因为当时的陕西（司隶校尉）的大部分精华在省外，而省内有些与当时的陕西毫无相干的地方（朔方迤南，当时边塞，不属畿辅）。江苏的人物所以多者，也正以当时的江北老把江南的分数带着提高。不然，吴郡自身在西汉恐怕也不过和东汉样的。况且今之省域，不即合于当时的国界。所以这表中直隶、甘肃之在北宋（燕云十六州已属契丹，甘肃已属夏），河南、安徽、江苏之在南宋（交界区）……都是困难的物事。又如把南宋的中国和现在列省中的中国为一般的排对比，自然事实上出入很多。

但既不用一贯的百分单位，比起来，又怎么办？我回答说，我根本上不赞成这个表。如果制一个表，必须比这个详细的多。不在当年"中国"的境内的即不应一般待遇去百分，而当年国界、省界也要注明。或者把省分为数部（如今道区），比起来可以不太妨碍；当时区划也不妨碍一统一体的比较。余详下文。

（点二）丁君从他所造的表中推比了许多事实和现象，但这些事实和现象和这个表中的数目字，严格说起，多毫无有直接的关系，这些推比也但是些预期 Anticipations 而已。换句话说，这些推比的事件多是我们时常所想及，如建都的关系，都城外更有文化中心一种事实，地方与"龙兴"的关系，物质与文物，殖民同避乱的影响等等，都是我们读起历史来便引想到的题目。但我们对于这些题目，有意思而有的意思无界略，总而言之，都是些多多少少模糊着待考的意思。现在丁先生这表中的数目字，也并不能给我们这些待考的意思一判然的决定。这些意思与这些间的关系，只是联想，不相决定的"因数"。这类，看起来像很科学的，而实在是"预期"之件，颇有危险。

（点三）第一表所以不见得能得好成就者，因为包罗太宽大，立意上太普遍，而强从一个无从分析的表中去分析事实。至于第二表，却是一件极好的作品，这一表之所以成功，正因为题目是有限而一定，不如上一表一样。这个表中的意思，也或者可以有斟酌的地方。鼎甲数虽然不受省分的制限，但恐怕也不能说是完全自由竞争的结果，尤其不见得鼎甲是能代表文化。我很疑心有下列二种分数在其中有贡献。（一）考试官与投考者乡族的关系。如考官中多是昔年的鼎甲，恐即有偏于其同乡的趋势（典试不密书）。（二）考殿试竟成了一种专门的技术，如某一地方最便宜于殿试所需要的各种质素，则这一地方所出之鼎甲为多，然我们却不能竟拿它出科甲的数目为文化最高的数目。此两点均可于我们贵县在清朝多出状元一件事实中证明。但如果明朝不如清朝在考试上之腐败，则此层即不成问题了。不过我们看来，明朝晚年士林中,那种讲师生门第交游等等一切的净恶习惯,恐怕好不到那里去。言归正传,这一个表却是把他所要证明的东西之一件证明了,就是下一个消极证,官定的各省科举额,不足代表各省的程度,不过分数上尚有斟酌呵!

(点四)丁先生谓在两汉的时代,中国文化分布的不平均,后渐平均,到了明朝至平均,这恐怕也是因为拿着现在的单位去比量才有这个现象。浙江之在西汉,犹之乎今之吉林,恐尚不及福建等省,则等于黑龙江阿山道之间。所以在后汉,广东、贵州、云南、奉天"都是零"。与其说是文化不平均,毋宁谓为这些地方之为中国,意义上尚不尽完全。如果我们做一个中华民国时代的表,势必至于外蒙、西藏(康省除外)、青海下面加零,吉黑三特别区,新疆、阿山、贵州下面加一个很小的分数,其相貌或与汉朝差不多。至于在各种意义上,完全为中国之地方,如关、洛、汝、汉、淮、泗及沿着黄河的郡国,细比起来,其平均或不平均,恐与今之各省之平均相等。是则丁君所谓古不平均今平均,又一幻境也。总而言之,这事实与其谓为当年文化之不平均,毋宁谓是现在的中国大得多了。

把上列几点约起来,我对于这篇文章的一个一般的印象,是觉着把统计方法应用在历史一类的研究上尤其要仔细。普通说起,凡是分布上凌迟出入的事实,都可应用统计方法,而这样分布上凌迟出入的事实,几乎是可研究的事实之大部分。但统计方法的收效,也以它所施用的材料之性质为断。统计方法最收效的地方,是天文。岂特如此,我们竟可说天文是统计学的产生地。因为统计方法之理论,几乎都是从天文学中造端,而近代统计学方法之立基柱者 Quetelet,自身是比利时的钦天监。这正因为天文学上的数目,我们用来做统计学的比较的,总是单元(Homogeneous),而所用数目,多半是由我们所限定的标准造出的。就是说,我们对于这些数目有管辖之可能。几乎到了生物学的事实上,就不这样便宜。虽然这些数目还是由我们定的标准产出,然而事实的性质已远不如天文事实之单元,实在是些复元的(Heterogeneous)。至于历史现象,我们不能使它再回来,去量一下子,又是极复元的物事,故如不从小地方细细推求比论,而以一个样子定好如当代欧美都市统计表一般的形状,加上,恐怕有点疏误。历史本是一个破罐子,缺边掉底,折把残嘴,果真由我们一整齐了,便有我们主观的分数加进了。我不赞成这个以现在省为二千年历史的总单位,去百分国土大小很不相等的各时的人,正是因为这表太整齐,这表里面的事实却是太不整齐。

研究历史要时时存着统计的观念,因为历史事实都是聚象事实(mass-facts)。然而直接用起统计方法来，可须小心着，因为历史上所存的数目多是不大适用的。

假如丁君把这一个大表变散为小点去研究，恐怕收效比现在多得多。现在略举几个提议：——

（一）以当年的州郡为单位，去求方里数目、户口数目、财赋数目三件之互相比例。假如能画成地图，以比例率之轻重为颜色上之浅深，或者其分配上更可提醒些事。（二）把世族（姑假定有二人同出一家同有传者即为世族，更于其中以年代分类）按州郡列一个表，再把非世族之人物照州郡之分配者和它一比，恐怕使我们显然见得文化低的地方多非世族，文化高的地方多世族（母系有可考者即列，如杨恽为司马子长外孙之类）。（三）把历代的世族比较一下，比较他们在人物中的百分数目，在各类职业文官、武将、文学等的分配比较，或者更有些事实可得到。此时没有根据，但人们免不了泛着去想由东汉至唐，世家之渐重，实在是当时社会组织上很大的一个象征。宋后世族衰，是一个社会组织上很大的变化，这三件正是偶然想起，其实中国历史上可用数目表图研究的题目很多。Richter 拿字数统计去定 Plato 语之先后，何况历史上的实事呢。但总以从有界画的题目做去，似乎才妥当。

我可以把上文总结起来，说：丁君这一种方法，将来仔细设施起来,定收很好的效果,不过他这文(特别是第一表)却但是一个大辂的椎轮,我们不取这篇文章所得的结果,因为它们不是结果;但取这篇文章的提议,因为它有将来。

至于他论唐朝与外族的一段,完全和我的意思一样。汉唐决不能合作一个直线去论,我曾于《中国历史分期的研究》详细说过。这篇文章大约是民国七年春天登在《北京大学日刊》上的,错字连篇。原稿我仿佛交给你了。是么?我在这篇文章用所谓"元经"的话。谓陈亡是"晋宋齐梁陈亡,中国亡"。永嘉南渡前为"第一中国"。南渡后失其故地,而尚有第一中国之半,犹一线也。隋唐两代实是以五胡拓拔为原始,合着有踏践的剩余再造的。所以唐朝文物习惯从南朝,而生活的精神反截然和南朝两样。这个第二中国,固然在文化上仍是因袭第一中国,然一要部分亦以苻秦拓拔为根据(苻秦拓拔都有中国以外的领土,又恰恰这个时候是西域文化最高的时候,故即无人种变化,亦甚能使文化历史入一新期)。大野三百年一统后(这个一统之为一统,也和我们五族共和之为共和一样),大乱上一回,生出了一个文化最细密的宋朝。在许多地方上,宋朝是中国文化最高点。这第二中国与第一中国之为一线,不是甚深的现象。其内容上所谓南北朝之纷乱,决不等于三国唐季,而实是一个民族再造的局面,恐怕这个时期是历史上最大的关节了。汉朝盛时只是中国的,唐朝盛时颇有点世界的意味。这固然也由于汉朝接触的外国除西域很小的一部分外都蛮夷,而唐朝所接触恰在西域和亚剌伯文化最盛期,但要不是自身民族上起了变化,就是说等于社会组织和生活的趋向上起了变化,这外来的影响究竟不容易济事。梁陈的"冢中枯骨"局面是不能使民族的生命继续下的。或者殷周之际,中国的大启文化,也有点种族关系正未可知。要之中国历史与中国人种之关系是很可研究的。

(按,此书写于一九二四年正月二月间,丁氏原文载在《努力周刊》。颉刚记。)

(原载 1928 年 1 月 3 日《国立第一中山大学
语言历史学研究所周刊》第一集第十期)

附:历史人物与地理的关系

历史同地理的关系,是近代科学上最有兴味的问题,也是最没有解决的问题。布克儿(T·Ruckl)是 19 世纪用科学知识研究历史的第一个人。照他的学说:凡人类的历史,都是气候、土壤、交通的关系。这种物理派的历史观,在他的《文化史》(History of Civilization)出版的时候很有势力。到了 19 世纪末纪,遗传性的研究,渐渐进步,于是注重种族的比注重环境的学者要多。美国的格兰特(Grant)就是极端主张种族论的人,但是他的研究方法是不科学的,不足以做遗传性历史论的代表。最近美国学者如伍治(F. A. Woods)用遗传性研究欧洲历史上的人物,贡献很多。他的主张是一国的历史,是种族的根性同偶然发生的首领所造成的。他所著的书,如《皇族与遗传性》(Heredity in Royalty)是近代历史学上的名著。同时研究地理学的人,还是主张文化是气候的产物,不过他们不复如布克儿那么极端,那么简单。汉亭顿(E. Huntington)就是这一派人中最有成绩的。但是无论我们对于种族、环境同偶然产生的首领,这三种势力,偏重在哪一种,总应该承认地理同历史有密切的关系,因为广义的地理,包括生在地上的人种。

中国人是最注重籍贯的,所以遇见了一个生人,问了他的尊姓大名,就要问他是哪一省哪一县的人,因为我们脑筋里头觉得"湖北人"、"广东人"、"江苏人"、"山西人"……这种名词,是代表这几省人的特性;知道一个人的籍贯,就知道了他是我们心里头的哪一类。这不但中国人如此,就是欧美的人也是如此。说到了新下台的英相乔治,不知不觉就想起他是维尔司的人。美国选举总统,第一个问题,就是他还是生在南几省或是北几省。所以若是我们把中国历史上的有名的人物,照他们的籍贯,做一个统计,看看一个时代之中,哪一个地方的人,在政治上、社会上最有势力、最有影响,岂不是很有兴味的?

这一种研究,最困难的是定历史人物的标准。一个人有怎么样的资格,才配做历史人物呢?伍治研究欧洲人物的时候,完全用一种客观的方法。譬如他研究一个时代皇室的人物,就把所有那时代的书籍,细细的读过。凡有提起皇室人物的地方,都抄了出来,做一个详细的统计:看看哪一个最受人称赞或是批评;称赞、批评,又到如何程度;然后决定当时人的总判断,拿来做标准。又如他研究近代有名的科学家,就把他所晓得的名字开了出来,请现代的科学家投票,这两种方法,都是极其费工夫,而且对于中国的历史,不很适用。我为简便起见,暂时用了一个武断的标准:把《二十四史》来做我的下手地方,凡有二十四史上有列传的,都假定他是"历史人物",假定是我研究的一种单位,然后拿他们的籍贯来计算一时代中哪一个地方,历史人物的数目最多。

用这一种方法,有两个大缺点:第一是行业不同的人,混在一块计算。文艺家同将帅,性质虽不相同;照我这种方法,都算是一个单位。第二是程度不同的人,没有区别。绝大的人物,如张江陵、王守仁只算一个人;极小的人物,仅仅够得上有列传的,也要算一个人。所以进一步的研究第一是要分类，第二是要分等。但是分类、分等，都有主观的毛病，而且很费时间的。这一次的研究，只能算一种粗浅的统计。好的统计的人数较多，两种毛病都可以减少。因为无论一个人是甚么事业，二十四史上有了列传，总是那个时代的一个人物；对于社会政治，总有一种影响，不妨视为一类，与没有列传的人区别。至于有分等的毛病，只要地方的单位大，也就可以减除，譬如湖北出了一个大人物张江陵，当然同时明史上有传的湖北人，就有许多小人物。以此类推，无论哪一省都是如此。假如拿省替省比，大小人物混在一齐，各省同时吃亏，同时占便宜，虽然不能全公道，也并非全不公道。

第二种困难，是地方单位问题。我们这种研究，是要知道人物与地理的关系，但是地理包括地文、人文两种。若是以地文为标准，浙江的温处台应该归入福建，不能同浙西在一个单位之内。但是就文化而论，温处台同福建的关系浅，同浙西的关系深。诸如此类，不胜枚举。所以要求一个地文、人文相合，而且区域较大的地方来做单位，是不可能的。我再四斟酌，还是拿省来做单位，较为妥当。一来这种单位，不用说明；二来省是一种政治的地理单位，与政治有多少关系；三来现在的省份，虽不能合于科学的地文、人文标准，然而可以算折中于二者之间。

我所谓历史人物,是指历史上有势力的人物而言,所以不论善恶邪正,只要当日他的言行,曾有影响于政治社会的,都一概收入。

这种统计,系各地方人物贡献的比较,所以只能就统一的时代研究,因为分裂的时代,各省自然有各省的首领,无从混合计算。秦以前是封建政治;就是秦代,时间太短,也当然不在研究范围之内。秦以后共分六期:一前汉,二后汉,三唐,四北宋,五南宋,六明。元朝不但是蒙古人的世界,而且时间不长,政治上有特别的组织,暂时可以置之不论。至于前清,一则清史未成,没有同二十四史一样官书可以做根据,而且私家著述很多,材料较为丰富,应该提出另行研究。这一次的讨论,只限于上边所举的六代。这六代有列传的人,有六千多人;有簿贯可考的,也有五千七百多人。因为古今地名不同,逐一的考证起来,颇费时日;仅仅对过一遍,错误恐不能免,不过这种错误,对于各省的百分率数目,不能有很大的影响,所以我大胆先把现在研究的结果,做成一个表,一张图,发表了出来,希望引起历史学者的兴味,多几个人来用这种方法研究中国历史。

我们把上边表(见□页—编者)上的数目,详细分析起来,第一件可以引起我们注意的,是在一时代以内,各省人物的贡献,数目至不平均。即如后汉一代,最多的是河南,百分率在三十七以上,其余广东、贵州、云南、奉天,都是零;江西、湖南、福建、广西,四省都在一以下;山西、江苏、浙江、湖北,都在五以下。然而同一个省份,在六个时代之内一时代的贡献,又与其他时代相距的很远;即如河南在后汉是百分之三十七,到了明不过百分之七,江西在前后汉都在千分之五以下,到了明就有百分之十一以上。这种人物分数的变化,实足以代表文化中心的转移。这又是甚么原因呢?

第一个最明显的原因,是建都的关系。即如后汉、北宋都在河南建都,所以河南的人物最盛,南宋都城在浙江,唐的都城在陕西,所以浙江在南宋,陕西在唐,人物最盛。况且二十四史上的人物,虽不全与政治有关,但是最大的部分是官吏。官吏是从考试得来的,重要的考试,都在都城:离都近的省份,考试先占了便宜,人物也自然容易出头,但是距都城远近,不是人物贡献的惟一原因,又有很明显的证据。即如前汉的都城在陕西,而陕西所出的人物,还抵不上江苏,更不必说山东、河南了。明的都城在直隶,然而江苏、浙江、江西、安徽四省的人物,都比它多。无论哪一代,四川比湖北远,而四川六代的平均分数是四,湖北是二;云南、广西都比贵州远,然而有明一代,贵州的人物,不如云南、广西。

省别	前汉		后汉		唐		北宋		南宋		明	
	人数	百分率	人数	百分率	人数	百分率	人数	百分率	人数	百分率	人数	百分率
陕西	22	20.58	73	15.97	261	20.4	63	4.31	6	0.99	10	4.51
直隶	21	10.10	28	6.12	223	17.6	212	14.51	7	1.16	128	7.23
山西	10	4.92	16	3.50	182	14.2	141	9.65	17	2.81	56	3.16
河南	39	18.75	170	37.20	219	17.1	324	22.18	37	6.12	123	6.94
山东	61	29.33	57	12.47	97	7.6	156	10.68	13	2.15	93	5.15
江苏	23	11.06	13	2.84	82	6.4	97	6.63	49	8.10	241	13.61
浙江	2	0.96	14	2.99	34	2.77	84	5.74	136	22.50	258	14.51
湖北	7	3.36	11	2.40	29	2.4	19	1.30	14	2.33	67	4.29
安徽	3	1.44	24	5.25	21	1.7	53	3.62	38	6.29	199	11.24
四川	4	1.92	26	5.68	12	0.9	93	6.36	71	2.70	57	3.22
江西	1	0.49	2	0.42	7	0.5	81	5.54	83	13.4	204	11.51

续表

省别	前汉 人数	前汉 百分率	后汉 人数	后汉 百分率	唐 人数	唐 百分率	北宋 人数	北宋 百分率	南宋 人数	南宋 百分率	明 人数	明 百分率
湖南	0	0	2	0.42	2	0.2	12	0.82	12	1.98	27	1.52
福建	0	0	1	0.21	2	0.2	95	6.50	88	14.50	92	5.19
广东	0	0	0	0	3	0.2	3	0.20	4	0.66	50	2.82
广西	0	0	1	0.21	0	0	2	0.13	6	0.99	13	0.73
贵州	0	0	0	0	1	0.1	0	0	0	0	10	0.56
云南	0	0	0	0	0	0	0		0	0	14	0.97
甘肃	10	4.92	17	3.72	53	4.1	19	1.30	23	3.89	23	1.29
奉天(汉人)	0	0	0	0	3	0.2	0	0	0	0	0	0
内蒙(汉人)	3	1.44	1	0.21	0	0	0	0	0	0	0	0
外族	2	0.96	1	0.21	50	3.9	7	0.61	0	0	14	0.97
总数	208		457		1 282		1 461		604		1 771	

足见得都城的地位，虽是很有关系，然而绝不是人物变迁的惟一原因。大概文化的中心比都城的地位重要。若是都城也是那时代的文化中心，建都的省份，人物自然比他省要多。不然，还是文化中心要紧。

皇室的籍贯，也是很有关系。"从龙"的固然大半是丰沛子弟，而且他们的子孙，袭了祖宗的余荫，变成功一种世家；故乡的亲戚朋友，又要攀龙附凤；皇帝的同乡，自然是很占便宜。江苏在前汉时代，百分率是十一，安徽在明也是十一，都是占了汉高帝、明太祖的光。

经济的发展，也是一个重要的原因。无论甚么时代，没有几分的经济独立，就无从讲起教育。孔子若是要凿井而饮，耕田而食，哪里还有功夫去敦诗说礼？到了后世，教育的中心，在重要的书院。书院里的发达，又是靠地方上担负的能力。地方上越富庶，教育越振兴，人物也自然越增多。江苏、浙江两省在南宋以后，变成功中国的文化的中心，与两省的经济史，总有关系。在唐以前，钱塘江同扬子江之间，沿海都是盐塘，同现在江北开盐垦的地方差不多。直等到钱镠筑了海塘，沿海的田地，渐渐的成熟，南北运河一通，丝米都可以出口，江、浙两省才成了全国最富庶的地方。同时这两省所出的人物，也就驾于各省之上。影响于国民经济最大的是战争。元以后北方的退化，明以后四川、江西、福建的衰落，多少都受了兵灾的影响。北方不但遭了兵灾的残破，而且因为水利不兴，旱地的收入，一年少似一年，恐怕也就可以使得经济不振。但是我目前没有精确的研究，可以证明北方农业的退化。

还有一个原因，是"生存优点"的变迁。生存竞争，优胜劣败。但是何者为优，何者为劣，在人类方面，全是看社会的习尚为准。假如社会崇尚忠实、诚恳，把社会上最高的位置，给忠实、诚恳的人，这种人自然是优胜，若是社会推重文学、美术，有文学、美术天才的人，就可以得势。中国北方人，是忠实、诚恳的一路，扬子江下游的人，是比较的长于文学、美术。看上列的表，宋以前北方人占优势，宋以后扬子江下游的人占优势。或者是宋以后同宋以前社会的崇尚不同，生存的优点变迁，所以如此。但是细细研究：宋、明两代长江下游的人物，忠实、诚恳的也是很多，宋以前的北方人也很多，长于文学，恐怕这还不是人物贡献南北变迁的重要原因。

据我的研究，最重要的原因，是殖民同避乱。秦以前中国的文化中心在山东、河南。就是两汉，除去了四川、江、浙、长江以南的省份，可算同中国历史没有什么关系。湖南、广东、江西、福建，都是唐末宋初因为殖民的结果，方才归入中国文化范围之内。贵州、云南、广西到了明，才可以算是中国的领土。东三省一大部分，始终在东胡族手里，在中国历史上，当然不能有甚么重要的人物。避乱同殖民的性质，本是相同。但是殖民的人，不必一定是中国社会里优秀分子，而东晋同南宋两次渡江，随从南行的，都是当日的士大夫，不肯受外国人统治的；声明文物，自然是在这班人手里。宋以后江苏、浙江的勃兴，大概很受这种避乱人的影响。至于北方受了外族统治，文化一定不能如前。五胡的时代，倡乱的外族，都还是受过中国文化的人居多，所以为害不大。金元两代，北方全是野蛮人的天下，经他们蹂躏以后，一时不容易复原，也是意中的情事。

综论起来，前汉时代，中国的文化，本来在山东、河南，所以这两省出人最多。陕西是建都的关系，江苏是皇室籍贯的关系，所以也比较的发达。其余如湖南、福建、广东、广西、贵州、云南，同东三省，都完全没有开化。浙江、安徽、四川占的分数，也是极微，惟有湖北是因为是楚国的旧境，人材较多，可算是南方各省的例外了。后汉情形，同前汉相差不远，不过河南是皇室籍贯同建都两重的关系，特别人多，南方几省，也渐有进步。唐代文化的中心在陕西，北方各省的程度，比两汉较为平均。南几省除去江苏以外,仍旧不大发达。四川、安徽反为退化。北宋时虽因为建都的关系,河南特别出人,然而江、浙、四川、江西、福建,或是因为经济发展,或是因为殖民移民,文化进化,大有一日千里之势,渐渐要同北几省争衡。南宋北方不在版图以内,自然没有许多人物;文化中心,从此就到了长江下游。江西、福建都表现有史以来未有的盛况。明朝北方因为受了外族的统治,农业又复退化,仍然一蹶不振,江苏、浙江、江西、安徽四省,远出其他各省之上(安徽因为皇室同从龙功臣的籍贯关系,与其他省不同),西南也慢慢的露了头角,与宋以前的中国,然是两个世界了。

细细研究上列的表,还有一个要点。在宋以前,不但文化的重心,是在北方,而且文化的分布,很不平均。在两汉的时代,山东、河南两省所产生的人物,总在百分之三十以上。后汉时河南一省就有百分之三十七。汉以后各省的程度,渐渐平均,出人物的省份渐多,每省占的成分也渐多。在后汉的时代,最多的省份百分率是三十七,最少的省份是零;在明朝最高的是百分之十四,最低的是千分之十五;可见得从前中国人的文化,本来全在黄河下游,以后因为殖民避乱的关系,逐渐把这种文化普及全国。这是我们民族对于世界文明最大的贡献。把远东的许多野蛮人,变成功受中国文化的国民。这种事业,比罗马人在西欧洲的功劳还大。但是普及同提高,往往不能同时并进;普及的成绩好,提高的程度就差了。

各省文化逐渐平均,虽然是事实,然而表上所列的百分数,都不完全与事实相符。本篇所说的历史人物,大部分与政治有关系的。自从科举取士以后,要出身于政治界,首先要列名于科举。明朝科举不但举人是各省有各省的定额,就是进士也是南北分界,所以各省出人物的机会,受了科举定额的影响,不是自由竞争的结果。而当时定科举额子的人,要使得各省人都有出身,虽然文化较盛的省份,额子较多,文化较低的省份,免不了滥竽。我曾拿明代进士题名录来做了两个表:一个是有明一代各省所出的进士的数目,一个是同一时代各省所出鼎甲的数目。进士是有额子限制,鼎甲是完全自由竞争的。所以前者是当日政府对于各省文化所定的一种标准,后者是各省自由竞争所得的成绩。

明代科甲表

省　别	进　　士		鼎　　甲	
	人　数	百分率	人　数	百分率
江　西	2 724	11.9	55	21.0
浙　江	3 267	14.0	54	20.5
江　苏	2 627	11.4	48	18.0
福　建	2 208	9.5	29	11.0

省　别	进　士		鼎　甲	
	人　数	百分率	人　数	百分率
安　徽	881	4.0	12	4.5
直　隶	1 500	6.5	10	3.8
湖　北	996	4.3	8	3.2
陕　西	924	4.0	6	2.3
顺　天	454	1.9	7	2.7
山　东	1 678	7.2	7	2.7
广　东	849	4.0	7	2.7
四　川	1 334	5.8	6	2.3
河　南	1 493	6.4	6	2.3
山　西	1 099	4.7	3	1.1
广　西	196	0.85	2	0.76
湖　南	427	1.9	1	0.38
甘　肃	76	0.33	1	0.38
贵　州	72	0.32		
奉　天	20	0.08		
高　丽	1	0		

　　拿这两个表来一比较,就知道官定的各省科举额,不足以代表各省的程度。浙江、江西、江苏、福建四省的进士,占百分之四十六;这四省的鼎甲,占百分之七十。可见得若是当时进士没有限制,边远的省份,还要吃亏。又各省进士的数目,同各省人物的

数目,竟大致相同。科举额子的影响,可以想见。

第二件可以注意的是,是新殖民地的勃兴。四川是秦时才入中国版图,在前汉时已占有将近百分之二,在浙江、安徽之上,而且其中有司马相如、扬雄一代的文学家。到了后汉更是发达,竟占有百分之五,六八,为扬子江流域各省之冠。江西、福建,都是唐末才有中国人去殖民。北宋时代,江西的人物,如欧阳修、王安石都是当时的人杰,百分率在百分之五以上。较之唐代恰好增加十倍。福建在北宋的地位,同江西相仿,而且渐渐的变化文化中心。闽刻的宋版书,同浙刻一样的重要。政治理学,福建人都是重要分子。这几省勃兴的理由,当然是很复杂的,然而最重要的原因,是一种旧民族忽然迁移到一个新世界里面,就能发展许多新事业起来。譬如关内的豆子,种在东三省,收成就比从前加一倍,一样的道理。近五十年来湖南、广东同最近的东三省人,也都是新殖民地勃兴的好例。

唐朝社会风尚,自成一代,同汉朝迥不相同。如文学美术的发达,宗教的自由,男女的交际,都是唐人的优点,汉人所不及的。唐人的弱点,是政治没有轨道,组织没有能力,习尚过于放荡,这又都不及汉人。所以我早就疑惑唐代的人种,受了外族的混杂,已经不是汉族原有的文化。即如唐代皇室自称为李广之后,久居陇西,究竟同李陵之后的龙居李氏,甚么关系。唐书的世系表是否可信,本来是个疑问。唐高祖的皇后是拓拔,更是无疑义的。现在看此次所列的表,新旧唐书上外国人有传的有五十人之多,几占总数百分之四,其中如高丽的李师古占据山东三代之久,真可令人惊骇。这还是专指真正的外族,唐书所不认为中国人的,若是把南北朝遗留下来已经同化的外族计算起来,至少也应该有总数百分之十以上。

唐史外族列传表

国　　名	人　数
高丽	九
百济西部	一
契丹	七
范阳奚族	五
代乙失活部落	五
突厥	四
西域胡	二
靺鞨	二
河曲部落	二
哥舒部落	一
热海	一
铁勒部落	一

国　　名	人　　数
鲜卑	一
于阗	一
回鹘	一
吐蕃	一
柳城胡	五
胡	一
总数	五〇

《唐书》的宰相世系表，最可研究。统计唐代宰相，为裴、刘、萧、窦、陈、封、杨、高、房、宇文、长孙、杜、李、王、魏、温、戴、侯、岑、张、马、褚、崔、于、柳、韩、来、许、辛、任、卢、上官、乐、孙、姜、陆、赵、阎、郝、郭、武、骞、沈、苏、薛、韦、汪、邢、傅、史、宗、格、欧阳、狄、袁、姚、娄、豆卢、周、吉、顾、朱、唐、敬、桓、祝、郑、钟、宋、源、牛、苗、吕、第五、常、乔、关、浑、齐、董、贾、权、皇甫、令狐、段、元、路、舒、白、夏侯、蒋、毕、曹、徐、孔、独孤、乌，同龙居李氏，共为九十八姓。其中竟有十一族，不是汉人！

河南刘氏	匈奴	浑氏	匈奴
独孤氏	匈奴	洛阳长孙	拓拔
代州宇文	拓拔	元氏	拓拔

京兆于氏	曾人拓拔	邺郡源氏	拓拔
昌黎豆卢氏	鲜卑	洛阳窦氏	鲜卑没鹿 回部落
龙居李氏	李陵之后		

此外尚有格氏、狄氏两姓,似乎也不是汉族,足见当时经过南北朝人种混杂之后,北方的民族,绝不是纯粹的汉人,而且宰相的民族,有百分之十一不是汉人,无怪当时种族的观念很浅,将帅藩镇,往往要用纯粹的外国人了。

是篇之作,动机在三年以前。去岁移居天津,得借用梁任公先生藏书,始着手统计。今夏科学社开会于南通,曾讲演一次,然其时仅有总表,文字未脱稿也。11月复以英文讲演于北京协和医学校,乃发愤竭两日之力成之。讨论切磋,得益于任公及胡君适之者甚多。抄写核算,则雷君英广贯任其劳。余弟文浩间亦襄助,爰书数语道谢,且以志服官经商者读书作文之不易也。

(原载 1923 年 3 月 11 日《努力周报》第 43、44 期)

与顾颉刚论古史书

颉刚足下：

  我这几年到欧洲，除最初一时间外，竟不曾给你信，虽然承你累次的寄信与著作。所以虽在交情之义激如我们，恐怕你也轻则失望，重则为最正当之怒了。然而我却没有一天不曾想写信给你过，只是因为我写信的情形受牛顿律的支配，"与距离之自成方之反转成比例"，所以在柏林朋友尚每每通信以代懒者之行步，德国以外已少，而家信及国内朋友信竟是稀得极利害，至于使老母发白。而且我一向懒惰，偶然以刺激而躁动一下子，不久又回复原状态。我的身体之坏如此，这么一个习惯实有保护的作用，救了我一条命。但因此已使我三年做的事不及一年。我当年读嵇叔夜的信，说他自己那样懒法，颇不能了解，现在不特觉得他那样是自然,并且觉得他懒得全不尽致。我日日想写信给你而觉得拿起笔来须用举金箍棒之力,故总想"明天罢"。而此明天是永久不来的明天,明天,明天……至于今天;或者今天不完,以后又是明天,明天,明天……这真是下半世的光景!对于爱我的朋友如你,何以为情!

私事待信末谈,先谈两件《努力周报》上事物。在当时本发愤想写一大篇寄去参加你们的论战,然而以懒的结果不曾下笔而《努力》下世。我尚且仍然想着,必然写出寄适之先生交别的报登,窃自比季子挂剑之义,然而总是心慕者季子,力困若叔夜,至今已把当时如泉涌的意思忘到什七八,文章是做不成的了,且把尚能记得者寄我颉刚。潦草,不像给我颉刚的信,但终差好于无字真经。只是请你认此断红上相思之字,幸勿举此遐想以告人耳。

第一件是我对于丁文江先生的《历史人物与地理的关系》一篇文章的意见(以下见《评丁文江〈历史人物与地理的关系〉》文,不复载)。

其二,论颉刚的古史论。三百年中,史学、文籍考订学,得了你这篇文字,而有"大小总汇"。三百〔年〕中所谓汉学之一路,实在含括两种学问:一是语文学;二是史学、文籍考订学。这两以外,也更没有什么更大的东西:偶然冒充有之,也每是些荒谬物事,如今文家经世之论等。拿这两样比着看,量是语文学的成绩较多。这恐怕是从事这类的第一流才力多些,或者也因为从事这科,不如从事史学、文籍考订者所受正统观念限制之多。谈语言学者尽可谓"亦既觏止"之觏为交媾,"握椒"之为房中药。汉宋大儒,康成、元晦,如此为之,并不因此而失掉他的为"大儒"。若把"圣帝明王"之"真迹"布出,马上便是一叛道的人。但这一派比较发达上差少的史学考订学,一遇到颉刚的手里,便登时现出超过语文学已有的成绩之形势,那么你这个古史论价值的大,还等我说吗? 这话何以见得呢? 我们可以说道,颉刚以前,史学考订学中真正全是科学家精神的,只是阎若璩、崔述几个人。今文学时或有善言,然大抵是些浮华之士;又专以门户为见,他所谓假的古文,固大体是假;他所谓真的今文,亦一般的不得真。所有靠得住的成绩,只是一部《古文尚书》和一部分的左氏《周官》之惑疑(这也只是提议,未能成就);而语文那面竟有无数的获得。但是,这语文学的中央题目是古音,汉学家多半"考古之功多,审音之功浅",所以最大的成绩是统计的分类通转,指出符号来,而指不出实音来。现在尚有很多的事可作,果然有其人,未尝不可凌孔㧑轩而压倒王氏父子。史学的中央题目,就是你这"累层地造成的中国古史"，可是从你这发挥之后，大体之结构已备就，没有什么再多的根据物可找。前见《晨报》上有李玄伯兄一文，谓古史之定夺要待后来之掘地。诚然掘地是最要事，但不是和你的古史论一个问题。掘地自然可以掘出些史前的物事、商周的物事，但这只是中国初期文化史。若关于文籍的发觉，恐怕不能很多（殷墟是商社，故有如许文书的发现，这等事例岂是可以常希望的）。而你这一个题目，乃是一切经传子家的总锁钥，一部中国古代方术思想史的真线索，一个周汉思想的摄镜，一个古史学的新大成。这是不能为后来的掘地所掩的，正因为不在一个题目之下。岂特这样，你这古史论无待于后来的掘地，而后来的掘地却有待于你这古史论。现存的文书如不清白，后来的工作如何把它取用。偶然的发现不可期，系统的发掘须待文籍整理后方可使人知其地望。所以你还是在宝座上安稳的坐下去罢，不要怕掘地的人把你陷了下去。自然有无量题目要仔细处置的，但这都是你这一个中央思想下的布列。犹之乎我们可以造些动力学的 Theorem，但这根本是 Newton 的。我们可以研究某种动物或植物至精细，得些贯通的条理，但生物学的根本基石是达尔文。学科的范围有大小，中国古史学自然比力学或生物学小得多。但它自是一种独立的，而也有价值的学问。你在这个学问中的地位，便恰如牛顿之在力学,达尔文之在生物学。去年春天和志希、从吾诸位谈,他们都是研究史学的。"颉刚是在史学上称王了,恰被他把这个宝贝弄到手;你们无论再弄到什么宝贝,然而以他所据的地位在中央的原故,终不能不臣于他。我以不弄史学而幸免此危,究不失为'光武之故人也'。几年不见颉刚,不料成就到这么大!这事原是在别人而不在我的颉刚的话,我或者不免生点嫉妒的意思,吹毛求疵,硬去找争执的地方;但早晚也是非拜倒不可的"。

颉刚,我称赞你够了么!请你不要以我这话是朋友的感情;此间熟人读你文的,几乎都是这意见。此时你应做的事,就是赶快把你这番事业弄成。我看见的你的文并不全,只是《努力》、《读书杂志》9、10、11、12、14(13号未见过,14后也未见过)所登的。我见别处登有你题目,14号末又注明未完;且事隔已如此之久,其间你必更有些好见解,希望你把你印出的文一律寄我一看。看来禹的一个次叙,你已找就了,此外的几个观念,如尧、舜、神农、黄帝、许由、仓颉等等,都仔细照处理禹的办法处置它一下子。又如商汤、周文、周公虽然是真的人,但其传说也是历时变的。龟甲文上成汤并不称成汤。《商颂》里的武王是个光大商业,而使上帝之"命式于九围"的,克夏不算重事。《周诰》里周公说到成汤,便特别注重他的"革夏",遂至结论到周之克殷,"于汤有光"的滑稽调上去(此恰如满酋玄晔谀孝陵的话)。到了孟子的时代想去使齐梁君主听他话,尤其是想使小小滕侯不要短气,便造了"汤以七十里兴,文王以百里兴"的话头,直接与《诗·颂》矛盾。到了嵇康之薄汤武,自然心中另是一回事。至于文王、周公的转变更多。周公在孔子正名的时代,是建国立制的一个大人物。在孟子息邪说距诐行的时代,是位息邪说距诐行的冢相。在今文时代,可以称王。在王莽时代,变要居摄。到了六朝时,真的列爵为五,列卿为六了,他便是孔子的大哥哥,谢夫人所不满意事之负责任者(可惜满清初年不文,不知"文以诗书",只知太后下嫁。不然,周公又成满酋多尔衮,这恐怕反而近似)。这样变法,岂有一条不是以时代为背景。尤其要紧的,便是一个孔子问题。孔子从《论语》到孔教会翻新了的梁漱溟,变了真正七十二,而且每每是些剧烈的变化,简直摸不着头脑。其中更有些非常滑稽的,例如苏洵是个讼棍,他的《六经论》中的圣人(自然是孔子和其他),心术便如讼棍。长素先生要做孔老大,要改制,便做一部《孔子改制托古考》其实新学伪经,便是汉朝的康有为做的。梁漱溟总还勉强是一个聪明人,只是所习惯的环境太陋了,便挑了一个顶陋的东西来,呼之为"礼乐",说是孔家真传:主义是前进不能,后退不许,半空吊着,简直使孔丘活受罪。这只是略提一二例而已,其实妙文多着哩。如果把孔子问题弄清一下,除去历史学的兴味外,也可以减掉后来许多梁漱溟,至少也可以使后来的梁漱溟但为梁漱溟的梁漱溟,不复能为孔家店的梁漱溟。要是把历来的"孔丘七十二变又变……"写成一本书,从我这不庄重的心思看去,可以如欧洲教会教条史之可以解兴发噱。从你这庄重的心思看去,便一个中国思想演流的反射分析镜,也许得到些中国历来学究的心座(Freudian Complexes)来,正未可料。

你自然先以文书中选择的材料证成这个"累层地",但这个累层地的观念大体成后,可以转去分析各个经传子家的成籍。如此,则所得的效果,是一部总括以前文籍分析,而启后来实地工作的一部古史,又是一部最体要的民间思想流变史,又立一个为后来证订一切古籍的标准。这话是虚吗?然则我谓它是个"大小总汇",只有不及,岂是过称吗?

大凡科学上一个理论的价值,决于它所施作的度量深不深,所施作的范围广不广,此外恐更没有甚么有形的标准。你这个古史论,是使我们对于周汉的物事一切改观的,是使汉学的问题件件在它支配之下的,我们可以到处找到它的施作的地域来。前年我读你文时,心中的意思如涌泉。当时不写下,后来忘了一大半。现在且把尚未忘完的几条写下。其中好些只是你这论的演绎。

一 试想几篇《戴记》的时代

大小《戴记》中，材料之价值不等，时代尤其有参差，但包括一部古儒家史，实应该从早分析研究一回。我从到欧洲来，未读中国书，旧带的几本早已丢去。想《戴记》中最要四篇，《乐记》、《礼运》、《大学》、《中庸》，当可背诵，思一理之。及一思之，恨《乐记》已不能背。见你文之初，思如涌泉，曾于一晚想到《大学》、《中庸》之分析。后来找到《戴记》一读，思想未曾改变。又把《礼运》一分量，觉得又有一番意思。今写如下：

《大学》 孟子说："人有恒言，皆曰天下国家。天下之本在国，国之本在家，家之本在身。"可见孟子时尚没有《大学》一种完备发育的"身家国天下系统哲学"。孟子只是始提这个思想。换言之，这个思想在孟子时是胎儿，而在《大学》时已是成人了。可见孟子在先，《大学》在后。《大学》老说平天下，而与孔子、孟子不同。孔子时候有孔子时候的平天下，"九合诸侯，一匡天下"，如桓文之霸业是也。孟子时候有孟子时候的平天下，所谓"以齐王"是也。列国分立时之平天下，总是讲究天下定于一，姑无论是"合诸侯，匡天下"，是以公山弗扰为"东周"，是"以齐王"，总都是些国与国间的关系。然而《大学》之谈"平天下"，但谈理财。理财本是一个治国的要务;到了理财成了平天下的要务,必在天下已一之后。可见《大学》不见于秦皇。《大学》引《秦誓》,书是出于伏生的,我总疑心书之含《秦誓》是伏生为秦博士的痕迹,这话要真,《大学》要后于秦代了。且《大学》末后大骂一阵聚敛之臣。汉初兵革扰扰,不成政治,无所谓聚敛之臣。文帝最不会用聚敛之臣,而景帝也未用过。直到武帝时才大用而特用,而《大学》也就大骂而特骂了。《大学》总不能先于秦,而汉初也直到武帝才大用聚敛之臣,如果《大学》是对时而立论,意者其作于孔桑登用之后,轮台下诏之前乎? 且《大学》中没有一点从武帝后大发达之炎炎奇怪的今文思想,可见以断于武帝时为近是。不知颉刚以我这盐铁论观的《大学》为何如?

《中庸》 《中庸》显然是三个不同的分子造成的,今姑名为甲部、乙部、丙部。甲部《中庸》从"子曰君子中庸"起,到"子曰父母其顺矣乎"止。开头曰中庸,很像篇首的话。其所谓中庸,正是两端之中,庸常之道,写一个 Petit bourgeois 之人生观。"妻子好合,如鼓瑟琴;兄弟既翕,和乐且耽"。不述索隐行怪而有甚多的修养,不谈大题而论社会家庭间事,显然是一个世家的观念(其为子思否不关大旨),显然是一个文化甚细密中的东西——鲁国的东西,显然不是一个发大议论的笔墨——汉儒的笔墨。从"子曰鬼神之为德"起,到"治国其如示诸掌乎"止,已经有些大言了,然而尚不是大架子的哲学。此一节显然像是甲部、丙部之过渡。至于第三部,从"哀公问政"起到篇末,还有头上"天命之谓性"到"万物育焉"一个大帽子,共为丙部,纯粹是汉儒的东西。这部中所谓中庸,已经全不是甲部中的"庸德之行,庸言之谨",而是"中和"了。中庸本是一家之小言,而这一部中乃是一个会合一切,而谓其不冲突——太和——之哲学。盖原始所谓中者,乃取其中之一点而不从其两端。此处所谓中者,以其中括合其两端,所以仲尼便祖述尧舜(法先王),宪章文武(法后王),上律天时(羲和),下袭水土(禹)。这比孟子称孔子之集大成更进一步了。孟子所谓"金声玉振"尚是一个论德性的话,此处乃是想孔子去包罗一切人物:孟荀之所以不同,儒墨之所以有异,都把它一炉而熔之。"九经"之九事,在本来是矛盾的,如亲亲尊贤是也,今乃并行而不相悖。这岂是晚周子家所敢去想的。这个"累层地",你以为对不对?

然而《中庸》丙部也不能太后,因为虽提祯祥,尚未入纬。

西汉人的思想截然和晚周人的思想不同。西汉人的文章也截然与晚周人的文章不同。我想下列几个标准可以助我们决定谁是谁。

（一）就事说话的是晚周的，做起文章来的是西汉的。

（二）研究问题的是晚周的，谈主义的是西汉的。

（三）思想也成一贯，然不为系统的铺排的是晚周，为系统的铺排的是西汉。

（四）凡是一篇文章或一部书，读了不能够想出它时代的背景来的，就是说，发的议论对于时代独立的，是西汉。而反过来的一面，就是说，能想出它的时代的背景来的却不一定是晚周。因为汉朝也有就事论事的著作家，而晚周却没有凭空成思之为方术者。

《吕览》是中国第一部一家著述，以前只是些语录。话说得无论如何头脑不清，终不能成八股。以事为学，不能抽象。汉儒的八股，必是以学为学；不窥园亭，遑论社会。

《礼运》《礼运》一篇，看来显系三段。"是谓疵国，故政者之所以藏身也"（应于此断，不当从郑）以前（但其中由"言偃复问曰"到"礼之大成"一节须除去）是一段，是淡淡鲁生的文章。"夫政必本于天……"以下是一段，是炎炎汉儒的议论，是一个汉儒的系统玄学。这两段截然不同。至于由"言偃复问曰"到"礼之大成"一段，又和上两者各不同，文词略同下部而思想则不如彼之侈。"是为小康"，应直接"舍鲁何适矣"。现在我们把《礼运》前半自为独立之一篇，并合其中加入之一大节，去看，鲁国之乡曲意味，尚且很大。是论兵革之起,臣宰之僭,上规汤武,下薄三家的仍类于孔子正名,其说先王仍是空空洞洞,不到《易传》实指其名的地步。又谈禹、汤、文、武、成王、周公而不谈尧舜,偏偏所谓。"大道之行也"云云,即是后人所指尧舜的故事。尧、舜、禹都是儒者之理想之 Incarnation,自然先有这理想,然后再 Incarnated 到谁和谁身上去。此地很说了些这个理想,不曾说是谁来,像是这篇之时之尧、舜尚是有其义而无其词,或者当时尧、舜俱品之传说未定,尚是流质呢。所谈禹的故事,反是争国之首,尤其奇怪。既不同雅颂,又不如后说,或者在那个禹观念进化表上,这个《礼运》中的禹是个方域的差异。我们不能不承认传说之方域的差异,犹之乎在言语学上不能不承认方言。又他的政治观念如"老有所终"以下一大段,已是孟子的意思,只不如《孟子》详。又这篇中所谓礼,实在有时等于《论语》上所谓名。又"升屋而号"恰是墨子引以攻儒家的。又"玄酒在室"至"礼之大成也"一段,不亦乐乎的一个鲁国的 Petit bourgeois 之 Kultur。至于"呜呼哀哉"以下,便是正名论。春秋战国间大夫纷纷篡诸侯,家臣纷纷篡大夫,这篇文章如此注意及此,或者去这时候尚未甚远。这篇文章虽然不像很旧,但看来总在《易·系》之前。

《易·系》总是一个很迟的东西,恐怕只是稍先于太史公。背不出,不及细想。

二 孔子与六经

玄同先生这个精而了然的短文,自己去了许多云雾。我自己的感觉如下:

《易》 《论语》"夏礼吾能言之,杞不足征也。殷礼吾能言之,宋不足征也。文献不足故也;足,则吾能征之矣"。《中庸》"吾说夏礼,杞不足征也。吾学殷礼,有宋存焉。吾学周礼,今用之,吾从周"。《礼运》"吾欲观夏道,是故之杞,而不足征也,吾得夏时焉。吾欲观殷道,是故之宋,而不足征也,吾得坤乾焉。坤乾之义,夏时之等,吾以是观之"。附《易》于宋,由这看来,显系后起之说。而且现在的《易》是所谓《周易》,乾上坤下,是与所谓归藏不同。假如《周易》是孔子所订,则传说之出自孔门,决不会如此之迟,亦不会如此之矛盾纷乱。且商瞿不见于《论语》,《论语》上孔子之思想绝对和《易·系》不同。

《诗》 以《墨子》证《诗》三百篇,则知《诗》三百至少是当年鲁国的公有教育品,或者更普及(墨子,鲁人)。看《左传》《论语》所引《诗》大同小异,想见其始终未曾有定本。孔子于删诗何有焉?

《书》 也是如此。但现在的《今文尚书》,可真和孔子和墨子的书不同了。现在的今文面目,与其谓是孔子所删,毋宁谓是伏生所删。终于《秦誓》,显出秦博士的马脚来。其中真是有太多假的,除《虞夏书》一望而知其假外,《周书》中恐亦不少。

《礼》、《乐》 我觉玄同先生所论甚是。

《春秋》 至于《春秋》和孔子的关系,我却不敢和玄同先生苟同。也许因为我从甚小时读孔广森的书,印下一个不易磨灭的印象,成了一个不自觉的偏见。现在先别说一句。从孔门弟子到孔教会梁漱溟造的那些孔教传奇,大别可分为三类:一怪异的,二学究的,三为人情和社会历史观念所绝对不能容许的。一层一层的剥去,孔丘真成空丘(或云孔,空)了。或者人竟就此去说孔子不是个历史上的人。但这话究竟是笑话。在哀公时代,鲁国必有一个孔丘字仲尼者。那末,困难又来了。孔子之享大名,不特是可以在晚周儒家中看出的,并且是在反对他的人们的话中证到的。孔子以什么缘由享大名虽无明文,但他在当时享大名是没有问题的。也许孔子是个平庸人,但平庸人享大名必须机会好;他所无端碰到的一个机会是个大题目,如刘盆子式的黎元洪碰到武昌起义是也。所以孔丘之成名,即令不由于他是大人物,也必由于他借到大题目,总不会没有原因的。不特孔丘未曾删定六经,即令删定,这也并不见得就是他成大名的充足理由。在衰败的六朝,虽然穷博士,后来也以别的缘故做起了皇帝。然当天汉盛世,博士的运动尚且是偏于乘障落头一方面;有人一朝失足于六艺,便至于终其身不得致公卿。只是汉朝历史是司马氏、班氏写的,颇为儒生吹吹,使后人觉得"像煞有介事"罢了。但有时也露了马脚,所谓"主上所戏弄,流俗所轻,优倡之所蓄"也。何况更在好几百年以前。所以孔丘即令删述六经,也但等于东方朔的诵四十四万言,容或可以做哀公的幸臣,尚决不足做季氏的冢宰,更焉有驰名列国的道理。现在我们舍去后来无限的孔子追加篇,但凭《论语》及别的不多的记载,也可以看出一个线索来。我们说,孔丘并不以下帷攻《诗》、《书》而得势,他于《诗》、《书》的研究与了解实在远不及二千四百年后的顾颉刚,却是以有话向诸侯说而得名。他是游谈家的前驱。游谈家靠有题目。游谈家在德谟克拉西的国家,则为演说家,好比雅典的 Demosthenes、罗马的 Cicero,都不是有甚深学问,或甚何 Originality 的人。然而只是才气过人,把当时时代背景之总汇抓来,做一个大题目去吹播,于是乎"太山北斗",公卿折节了。孔丘就是这样。然则孔丘时代背景的总汇是什么? 我想这一层《论语》上给我们一个很明白的线索。周朝在昭穆的时代尚是盛的时候,后来虽有一乱,而宣王弄得不坏。到了幽王,不知为何原因,来了一个忽然的瓦解,如渔阳之变样的。平王东迁后的两个局面,是内面上陵下僭,"团长赶师长,师长赶督军",外边是四夷交侵,什么"红祸白祸",一齐都有。这个局面的原始,自然也很久了;但成了一个一般的风气,而有造成一个普遍的大劫之势,恐怕是从这时起。大夫专政,如鲁之三桓、宋之华氏,都是从春秋初年起。晋以杀公族,幸把这运命延迟上几世(其实曲沃并晋已在其时,而六卿增势也很快)。至于非文化民族之来侵,楚与鲁接了界,而有灭周宋的形势;北狄灭了邢卫,殖民到伊川,尤其有使文化"底上翻"之形势。应这局面而出来的人物,便是齐桓、管仲、晋文、舅犯,到孔子时,这局面的迫逼更加十倍的利害,自然出来孔子这样人物。一面有一个很好的当时一般文化的培养,一面抱着这个扼要的形势,力气充分,自然成名。你看《论语》上孔子谈政治的大节,都是指这个方向。说正名为成事之本,说三桓之子孙微,说陪臣执国命,论孟公绰,请讨田氏,非季氏之兼并等等,尤其清楚的是那样热烈的称赞管仲。"管仲相桓公,九合诸侯……微管仲,吾其披发左衽矣"。但虽然这般称许管仲,而于管仲犯名分的地方还是一点不肯放过。这个纲目,就是内里整纲纪,外边攘夷狄,使一个乱糟糟的世界依然回到成周盛世的文化上,所谓"如有用我者,吾其为东周乎"。借用一位不庄者之书名。正所谓"救救文明"(Salvaging the Civilization)。只有这样题目可以挪来为大本;也只有这个题目可以挪来说诸侯;也只有以这个题目的原故,列国的君觉着动听,而列国的执政大臣都个个要赶他走路了。颉刚:你看我这话是玩笑吗?我实在是说正经。我明知这话里有许多设定,但不这样则既不能解孔子缘何得大名之谜,又不能把一切最早较有道理的孔子传说联合贯串起来。假如这个思想不全错,则《春秋》一部书不容一笔抹杀,而《春秋》与孔子的各类关系不能一言断其为无。现在我们对于《春秋》这部书,第一要问它是鲁史否?这事很好决定,把书上日食核对一番,便可马上断定它是不是当时的记载。便可去问,是不是孔子所笔削。现在我实在想不到有什么确据去肯定或否定,现在存留的材料实在是太少了。然把孔子"论其世"一下,连串其《论语》等等来,我们可以说孔子订《春秋》,不见得不是一个自然的事实。即令《春秋》不经孔子手定,恐怕也是一部孔子后不久而出的著作,这著作固名为《春秋》或即是现在所存的"断烂朝报"。即不然,在道理上当与现在的"断烂朝报"同类。所以才有孟子的话。这书的思想之源泉,总是在孔子的。既认定纲领,则如有人说"孔子作《春秋》",或者说"孔子后学以孔子之旨作《春秋》",是没有原理上的分别。公羊家言亦是屡变。《传》、《繁露》,何氏,各不同。今去公羊家之迂论与"泰甚",去枝去叶,参着《论语》,旁边不忘孟子的话,我们不免觉得,这公羊学的宗旨是一个封建制度正名的,确尚有春秋末的背景,确不类战国中的背景,尤其不类汉。三世三统皆后说,与公羊本义无涉。大凡一种系统的伪造,必须与造者广义的自身合拍,如古文之与新朝政治是也。公羊家言自然许多是汉朝物事,然它不泰不甚的物事实不与汉朝相干。

大凡大家看不起《春秋》的原因,都是后人以历史待它的原故,于是乎有"断烂朝报"之说。这话非常的妙。但知《春秋》不是以记事为本分,则它之为断烂朝报不是它的致命伤。这句绝妙好词,被梁任公改为"流水账簿",便极其俗气而又错了。一、《春秋》像朝报而不像账簿;二、流水账簿只是未加整理之账,并非断烂之账。断烂之账簿乃是上海新闻大家张东荪先生所办《时事新报》的时评,或有或无,全凭高兴,没有人敢以这样的方法写流水账的。"史"之成一观念,是很后来的。章实斋说六经皆史,实在是把后来的名词,后来的观念,加到古人的物事上而齐之,等于说"六经皆理学"一样的不通。且中国人于史的观念从来未十分客观过。司马氏、班氏都是自比于孔子而作经。即司马君实也是重在"资治"上。郑夹漈也是要去贯天人的。严格说来,恐怕客观的历史家要从顾颉刚算起罢。其所以有鲁之记载,容或用为当时贵族社会中一种伦理的设用,本来已有点笔削,而孔子或孔子后世借原文自寄其笔削褒贬,也是自然。我们终不能说《春秋》是绝对客观。或者因为当时书写的材料尚很缺乏，或者因为忌讳，所以成了春秋这么一种怪文体，而不得不成一目录，但提醒其下之微言大义而已。这类事正很近人情。鲁史纪年必不始于隐公，亦必不终于哀公，而《春秋》却始于东迁的平王，被弑的隐公，终于获麟或孔丘卒，其式自成一个终始。故如以朝报言，则诚哉其断烂了，如以一个伦理原则之施作言，乃有头有尾的。

孟子的叙《诗》和《春秋》虽然是"不科学的"，但这话虽错而甚有注意的价值。从来有许多错话是值得注意的。把诗和伦理混为一谈，孔子时已成习惯了。孔子到孟子百多年，照这方面"进化"，不免到了"《诗》亡《春秋》作"之说。孟子说"其事则齐桓晋文，其文则史，其义则丘窃取之矣"，头一句颇可注意。以狭义论，《春秋》中齐桓、晋文事甚少。以广义论，齐桓、晋文之事为霸者之征伐会盟，未尝不可说《春秋》之"事则齐桓晋文"。孔子或孔子后人做了一部书，以齐桓、晋文之事为题目，其道理可想。又"其文则史，其义则丘窃取之矣"，翻作现在的话，就是说，虽然以历史为材料，而我用来但为伦理法则之施用场。

《春秋》大不类孟子的工具。如孟子那些"于传有之"的秘书，汤之囿，文王之囿，舜之老弟，禹之小儿，都随时为他使唤。只有这《春秋》，大有些不得不谈，谈却于他无益的样子。如谓《春秋》

绝杀君,孟子却油油然发他那"诛一夫","如寇仇","则易位"的议论。如谓"春秋道名分",则孟子日日谈王齐。春秋之事则齐桓晋文,而孟子则谓"仲尼之徒无道桓文之事者"。这些不合拍都显出这些话里自己的作用甚少,所以更有资助参考的价值。

当年少数人的贵族社会,自然有他们的标准和舆论,大约这就是史记事又笔削的所由起。史决不会起于客观的纪载事迹;可以由宗教的意思,后来变成伦理道德的意思起,可以由文学的意思起。《国语》自然属下一类,但《春秋》显然不是这局面,孔子和儒宗显然不是戏剧家。

总括以上的涉想,我觉得《春秋》之是否孔子所写是小题,《春秋》传说的思想是否为孔子的思想是大题。由前一题,无可取证。由后一题,大近情理。我觉得孔子以抓到当年时代的总题目而成列国的声名,并不是靠什么六艺。

孔子、六艺、儒家三者的关系,我觉得是由地理造成的。邹鲁在东周是文化最深密的地方。六艺本是当地的风化。所以孔子与墨子同诵《诗》、《书》,同观列国《春秋》。与其谓孔子定六艺,毋宁谓六艺定孔子。所以六艺实在是鲁学。或者当时孔子有个国际间的大名,又有好多门徒,鲁国的中产上流阶级每牵引孔子以为荣,于是各门各艺都"自孔氏"。孔子一生未曾提过《易》,而商瞿未一见于《论语》，也成了孔门弟子了。孔门《弟子列传》一篇，其中真有无量不可能的事。大约是司马子长跑到鲁国的时候，把一群虚荣心造成的各"书香人家"的假家谱抄来，成一篇《孔子弟子列传》。我的意思可以最简单如此说：六艺是鲁国的风气，儒家是鲁国的人们；孔子所以与六艺儒家生关系，因为孔子是鲁人。与其谓六艺是儒家，是孔学，毋宁谓六艺是鲁学。

世上每每有些名实不符的事。例如后来所谓汉学，实在是王伯厚，晁公武之宋学；后来所谓宋学，实在是明朝官学。我想去搜材料，证明儒是鲁学，经是汉定（今文亦然）。康有为但见新学有伪经，不见汉学有伪经。即子家亦是汉朝给它一个定订。大约现行子书，都是刘向一班人为它定了次叙的。墨子一部书的次叙，竟然是一个儒家而颇芜杂的人定的，故最不是墨子的居最先。前七篇皆儒家言，或是有道家言与墨绝端相反者（如太盛难奇），知大半子书是汉朝官订本（此意多年前告适之先生，他未注意），则知想把古书古史整理，非清理汉朝几百年一笔大帐在先不可也。

三　在周汉方术家的世界中几个趋向

我不赞成适之先生把记载老子、孔子、墨子等等之书呼作哲学史。中国本没有所谓哲学。多谢上帝，给我们民族这么一个健康的习惯。我们中国所有的哲学,尽多到苏格拉底那样子而止,就是柏拉图的也尚不全有,更不必论到近代学院中的专技哲学,自贷嘉、来卜尼兹以来的。我们若呼子家为哲学家,大有误会之可能。大凡用新名词称旧物事,物质的东西是可以的,因为相同;人文上的物事是每每不可以的,因为多是似同而异。现在我们姑称这些人们(子家)为方术家。思想一个名词也以少用为是。盖汉朝人的东西多半可说思想了,而晚周的东西总应该说是方术。

禹、舜、尧、伏羲、黄帝等等名词的真正来源,我想还是出于民间。除黄帝是秦俗之神外,如尧,我拟是唐国(晋)民间的一个传说。舜,我拟是中国之虞或陈或荆蛮之吴民间的一个传说。尧、舜或即此等地方之君(在一时)。颛顼为秦之传说,喾为楚之传说,或即其图腾。帝是仿例以加之词(始只有上帝但言帝),尧、舜都是绰号。其始以民族不同方域隔膜而各称其神与传说;其后以互相流通而传说出于本境,迁土则变,变则各种之装饰出焉。各类变更所由之目的各不同,今姑想起下列几件:

(一) 理智化——一神秘之神成一道德之王。

(二) 人间化——一抽象之德成一有生有死之传。

又有下列一种趋势可寻:

满意于周之文化尤其是鲁所代表者(孔子)。

不满意于周之文化而谓孔子损益三代者。

举三代尽不措意，薄征诛而想禅让，遂有尧舜的化身。

此说又激成三派：

（1）并尧、舜亦觉得太有人间烟火气，于是有许由、务光。与这极端反背的便是"诛华士"，《战国策》上请诛於陵仲子之论。

（2）宽容一下，并尧、舜、汤、武为一系的明王。（《孟子》）

（3）爽性在尧、舜前再安上一个大帽子，于是有神农、黄帝、伏羲等等。

这种和他种趋势不是以无目的而为的。

上条中看出一个古道宗思想与古儒宗思想的相互影响，相互为因果。自然儒宗、道宗这名词不能安在孔子时代或更前，因为儒家一名不过是鲁国的名词，而道家一名必然更后，总是汉朝的名词，或更在汉名词"黄老"以后。《史记》虽有申不害学"黄老刑名以干昭侯"的话，但汉初所谓黄老实即刑名之广义，申不害学刑名而汉人以当时名词名之，遂学了黄老刑名。然而我们总可为这两个词造个新界说，但为这一段的应用。我们第一要设定的，是孔子时代已经有一种有遗训的而又甚细密的文化，对这文化的处置可以千殊万别，然而大体上或者可分为两项：

一、根本是承受这遗传文化的，但愿多多少少损益于其中。

我们姑名此为古儒宗的趋势。

二、根本上不大承认,革命于其外。我们姑名此为古道宗的趋势。

名词不过界说的缩短,切勿执名词而看此节。我们自不妨虚位的定这二事为AB,但这种代数法,使人不快耳。造这些名词如尧、舜、许由、务光、黄(这字先带如许后来道士气)帝、华士、神农和《庄子》书中的这氏那氏,想多是出于古道宗,因为这些人物最初都含些道宗的意味。《论语》上的舜,南面无为。许行的神农,是并耕而食。这说自然流行也很有力,儒宗不得不取适应之法。除为少数不很要紧者造个谣言,说"这正是我们的祖师所诛"(如周公诛华士)外。大多数已于民间有势力者是非引进不可了。便把这名词引进,加上些儒家的意味。于是乎绝世的许由成了士师的皋陶(这两种人也有共同,即是俱为忍人);南面无为的舜,以大功二十而为天子,并耕的神农本不多事,又不做买卖,而《易·系》的神农"耒耨之利,以教天下",加上做买卖,虽许子亦应觉其何以不惮烦也。照儒宗的人生观,文献征者征之,本用不着造这些名词以自苦:无如这些名词先已在民间成了有势力的传说,后又在道宗手中成了寄理想的人物,故非取来改用不可。若道宗则非先造这些非历史的人物不能资号召。既造,或既取用,则儒宗先生也没有别法对付,只有翻着面过来说,"你所谓者正是我们的'于传有之',不过我们的真传所载与你这邪说所称名一而实全不同,词一而谓全不同"。反正彼此都没有龟甲钟鼎做证据,谁也莫奈得谁何。这种方法,恰似天主教对付外道。外道出来,第一步是不睬。不睬不能,第二步便是加以诛绝,把这书们加入"禁书录"上。再不能,第三步便是扬起脸来说,"这些物事恰是我们教中的"。当年如此对付希腊哲学,近世如此对付科学。天主教刑了盖理律,而近中天文学、算学在教士中甚发达。

我这一篇半笑话基于一个假设,就是把当年这般物事分为二流,可否?我想大略可以得,因为在一个有细密文化久年遗训的社会之下,只有两个大端:一是于这遗训加以承认而损益之,一是于遗训加以否认。一般的可把欧洲千年来的物事(直至19世纪末为止)分为教会的趋向与反教会的趋向。

何以必须造这一篇半笑话?我想,由这一篇半笑话可以去解古书上若干的难点。例如《论语》一部书,自然是一个"多元的宇宙",或者竟是好几百年"累层地"造成的。如"凤鸟不至"一节,显然是与纬书并起的话。但所说尧舜禹诸端,尚多是抽象以寄其理想之词,不如孟子为舜象做一篇越人让兄陈平盗嫂合剧。大约总应该在孟子以前,也应该是后来一切不同的有事迹的人王尧舜禹论之初步。且看《论语》里的尧舜禹，都带些初步道宗的思想。尧是"无能名"，舜是"无为"。禹较两样些，"禹无间然"一段也颇类墨家思想之初步。然卑居处，薄食服，也未尝违于道宗思想。至于有天下而不与，却是与舜同样的了。凡这些点儿，都有些暗示我们：尧、舜一类的观念起源应该在邻于道宗一类的思想，而不该在邻于儒宗一类的思想。

尧、舜等传说之起，在道理上必不能和禹传说之起同源，此点颉刚言之详且尽。我想禹与墨家的关系，或者可以如下：禹本是一个南方民族的神道，一如颉刚说。大约宗教的传布，从文化较高的传入文化较低的民族中，虽然也多，然有时从文化较低的传到文化较高的，反而较易。例如耶稣教之入希腊罗马；佛教之由北印民族入希腊文化殖民地，由西域入中国；回教之由亚剌伯入波斯（此点恐不尽由武力征服之力）。大约一个文化的社会总有些不自然的根基，发达之后，每每成一种矫揉的状态，若干人性上初基的要求，不能满足或表现。故文化越繁丰，其中越有一种潜流，颇容易感受外来的风气，或自产的一种与上层文化不合的趋向。佛教之能在中国流行，也半由于中国的礼教、道士、黄巾等不能满足人性的各面，故不如礼教、道士、黄巾等局促之佛教，带着迷信与神秘性，一至中国，虽其文化最上层之皇帝，亦有觉得中国之无质，应求之于印度之真文。又明末天主教入中国，不多时间，竟沿行于上级士大夫间，甚至皇帝受了洗（永历皇帝）；满洲时代，耶稣会士竟快成玄晔的国师。要不是与政治问题混了，后来的发展必大。道光后基督教之流行，也很被了外国经济侵略武力侵略之害。假如天主耶稣无保护之强国，其销路必广于现在。我们诚然不能拿后来的局面想到春秋初年，但也难保其当年不有类似的情形。这一种禹的传说，在头一步传到中国来，自然还是个神道。但演进之后，必然向别的方面走。大约墨家这一派信仰，在一般的社会文化之培养上，恐不及儒家，《墨子》虽然也道《诗》《书》，但这究竟不是专务雅言。这些墨家，抓到一个禹来作人格的标榜，难道有点类似佛教入中国，本国内自生宗派的意思吗？儒家不以孔名，直到梁漱溟才有孔家教；而墨家却以墨名。这其中或者是暗示墨子造作，孔丘没有造作，又《墨经》中传有些物理学、几何学、工程学、文法学、名学的物事。这或者由于当年儒家所吸收的人多半是些中上社会，只能谈人文的故事，雅言诗书执礼。为墨家所吸收的，或者偏于中下社会，其中有些工匠技家，故不由得包含着这些不是闲吃饭的物事下来，并非墨家思想和这些物事有何等相干。大约晚周的子家最名显的，都是些游谈之士，大则登卿相，小则为清客，不论其为是儒家或道家，孟轲或庄周。儒家是吸收不到最下层人的,顶下也是到士为止。道家也是 leisured 阶级之清谈。但如许行等等却很可以到了下层社会。墨家却非行到下层社会不为功。又墨家独盛于宋,而战国子家说到傻子总是宋人,这也可注意。或者宋人当时富于宗教性,非如周郑人之有 Sophistry,邹鲁人之有 Conventional?

至于汉朝思想趋势中,我有两个意思要说。一、由今文到纬书是自然之结果。今文把孔子抬到那样,舍成神道以外更无别法。由《易经》到纬书不容一发。今文家把他们的物事更民间化些,更可以共喻而普及,自然流为纬学。信今文必信孔子之超人入神;信孔子如此加以合俗,必有祯祥之思想。二、由今文反动出古文,是思想的进步。造伪经在现在看来是大恶,然当时人借此寄其思,诚恐不觉其恶,因为古时著作人观念之明白决不如后人重也。但能其思想较近,不能以其造伪故而泯其为进步。古文材料虽伪,而意思每比今文合理性。

不及详叙,姑写为下列两表:

民间信仰 ─── ⎫
            ⎬(混合)──→纬书("从此普及")
今文经学 ─── ⎪
理性思想 ─── ⎭(反动)──→古文("赶紧提高")
                      (取吴老头两个笑话)

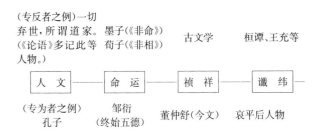

（专反者之例）一切弃世，所谓道家。《论语》多记此等人物。）

墨子（《非命》）荀子（《非相》）

古文学

桓谭、王充等

人文 ——— 命运 ——— 祯祥 ——— 谶纬 ———

（专为者之例）孔子

邹衍（终始五德）

董仲舒（今文）

哀平后人物

四　殷周间的故事

　　十年前，我以子贡为纣申冤一句话，想起桀、纣传说之不可信，因疑心桀、纣是照着幽王的模型造的，有褒姒故有妲己等等。这因是少时一种怪想。后来到英国，见英国爵虽五等而非一源，因而疑心中国之五等爵也有参差，有下列涉想（德国爵亦非一源）：

　　公　公不是爵名，恐即与"君"字同义。三公周召宋公及王畿世卿都称公，而列国诸侯除称其爵外亦称公。公想是泛称人主之名，特稍尊耳。犹英语之 Lord 一称，自称上帝以至于世族无爵者之妻或仆称其夫或主。如德国语之 Herr 亦自上帝称到一切庶人。宋是殷后，王号灭犹自与周封之诸侯不同，故但有泛称而无诸侯之号。其所以列位于会盟间次于伯而先于其他一切诸侯者，正因其为殷后，不因其称公。如若传说，一切诸侯自称公为僭，则

《鲁颂》"乃命周公,俾侯于东",岂非大大不通?

    子   遍检《春秋》之子爵,全无姬姓(除吴)。姬姓不封子;而封子爵者,凡有可考,立国皆在周前,或介戎狄,不与中国同列。莒子、郯子、邾子、杞子,古国也。潞子、骊子,不与中国之列者也。楚子,一向独立之大国也。吴子虽姬姓,而建国亦在周前。见殷有箕子、微子,我遂疑子是殷爵,所谓子自是王子,同姓之号,及后来渐成诸侯之号,乃至一切异姓亦如此称。我疑凡号子者大多是殷封之国,亦有蛮夷私效之。要均与周室无关系(吴子楚子解见后)。

且看子一字之降级:

诸   侯——微子,箕子。

诸侯之大夫——季文子,赵简子。

士   人——孔子,孟子。

乃 至 于——小子,婊子。

这恰如老爷等名词之降级,明朝称阁学部院曰老爷,到清朝末年虽县知事亦不安于此而称大老爷。

至于侯,我们应该先去弄侯字古来究如何写法,如何讲法。殷亦有鬼侯、鄂侯、崇侯;鬼、鄂、崇,皆远方之邑,或者所谓侯者如古德意志帝国(神圣罗马帝国)之边侯(Markgraf)。在殷不特不见得侯大于子，而且微子箕子容或大于鬼侯鄂侯。周定后，不用子封人而一律用侯。以"新鬼大，故鬼小"之义，及"周之宗盟，异姓为后"之理，侯遂跑到子上。

同姓侯甚多，凡姬姓的非侯即伯。其异姓之侯，如齐本是大国，另论；如陈是姻戚，如薛也是周"先封"，都是些与周有关系的。

伯　这一件最奇。伯本与霸同字，应该很大。且受伯封者，如燕伯，召公之国也。如曹伯，"文之昭也"。如郑伯，平王依以东迁者也。如秦伯，周室留守，助平王东迁者也。然而爵均小于侯，岂不可怪？我疑心伯之后于侯，不是由于伯之名后于侯，而是由于封伯爵者多在后；或者伯竟是一个大名，愈后封而号愈滥，遂得大名，特以后封不能在前耳。

男　苦想只想到一个许男，或者由来是诸侯之诸侯？

以上的话只是凭空想，自然不能都对；但五等爵决非一源，且甚参差耳。

太伯入荆蛮，我疑心是伦常之变。伦常之变，本是周室"拿手好戏"，太王一下，周公一下，平王又一下。因太伯不得已而走，或者先跑到太王之大仇殷室，殷室封他为子爵，由他到边疆启土，所以武王伐纣时特别提出这件事，"唯四方之多罪捕逃是崇是用"。言如此之痛，正因有他之伯祖父在也《牧誓》亦正不可信，此地姑为此戏想耳）。吴既不在周列，周亦莫奈他何，遂于中国封虞。吴仍其子爵，至于寿梦。吴民必非中国种，只是君室为太伯虞仲后耳。虞仲应即是吴仲。

齐太公的故事，《史记》先举三说而不能断。我疑心齐本是东方大国，本与殷为敌，而于周有半本家之雅（厥初生民，时惟姜嫄），又有亲戚（爰及姜女，聿来胥宇），故连周而共敌殷。《商颂》"相土烈烈，海外有截"，当是有汤前已有了北韩辽东，久与齐逼。不然，箕子以败丧之余，更焉能越三千里而王朝鲜；明朝鲜本殷地，用兵力所不及，遂不臣也。齐于周诸侯中受履略大，名号最隆——尚父文王师一切传说，必别有故。且《孟子》、《史记》均认齐太公本齐人，后来即其地而君之。且《史记》记太公世家，太公后好几世，直到西周中晚，还是用殷法为名，不同周俗，可见齐自另一回事，与周之关系疏稀。《檀弓》所谓太公五世返葬于周，为无稽之谈也（如果真有这回事，更是以死骨为质的把戏）。齐周夹攻殷，殷乃不支，及殷被戡定，周莫奈齐何，但能忙于加大名，而周公自命其子卜邻焉。

世传纣恶，每每是纣之善。纣能以能爱亡其国，以多力亡其国，以多好亡其国，诚哉一位戏剧上之英雄，虽 Siegfried 何足道哉。我想殷周之际事可作一出戏，纣是一大英雄，而民疲不能尽为所用,纣想一削"列圣耻",讨自亶父以下的叛房,然自己多好而纵情,其民老矣,其臣迂者如比干,鲜廉寡耻如微子,箕子则为清谈,诸侯望包藏阴谋,将欲借周自取天下,遂与周合而夹攻,纣乃以大英雄之本领与运命争,终于不支,自焚而成一壮烈之死。周之方面,毫无良德,父子不相容,然狠而有计算,一群的北房自有北房的品德。齐本想不到周能联一切西戎南蛮,《牧誓》一举而定王号。及齐失望,尚想武王老后必有机会,遂更交周,不料后来周公定难神速,齐未及变。周公知破他心,遂以伯禽营少昊之墟。至于箕子,于亡国之后,尚以清谈归新朝,一如王夷甫。而微子既如谯周之劝降,又觉纣死他有益耳。

这篇笑话,自然不是辩古史,自然事实不会如此。然遗传的殷周故事,隆周贬纣到那样官样文章地步,也不见得比这笑话较近事实。

越想越觉世人贬纣之话正是颂纣之言。人们的观念真不同,伪孔《五子之歌》上说,"内作色荒。外作禽荒。甘酒嗜音,峻宇雕墙",此正是欧洲所谓 Prince 之界说,而东晋人以为"有一必亡"。内作色荒是圣文,外作禽荒是神武,甘酒嗜音是享受文化,峻宇雕墙是提倡艺术,有何不可,但患力不足耳。

周之号称出于后稷,一如匈奴之号称出于夏氏。与其信周之先世曾窜于戎狄之间,毋宁谓周之先世本出于戎狄之间。姬、姜容或是一支之两系。特一在西,一在东耳。

鲁是一个古文化的中心点,其四围有若干的小而古的国。曲阜自身是少昊之墟。昊容或为民族名,有少昊必有太昊,犹大宛小宛,大月氏小月氏也。我疑及中国文化本来自东而西:九河济淮之中,山东、辽东两个半岛之间,西及河南东部,是古文化之渊源。以商兴而西了一步,以周兴而更西了一步。不然,此地域中何古国之多也。齐容或也是一个外来的强民族,遂先于其间成大国。

齐有齐俗,有齐宗教,虽与鲁近,而甚不同。大约当年邹鲁的文化人士,很看不起齐之人士,所以孟子听到不经之谈,便说是"齐东野人之语也",而笑他的学生时便说:"子诚齐人也,知管仲、晏子而已矣",正是形容他们的坐井观天的样子。看来当年齐人必有点类似现在的四川人,自觉心是很大的,开口苏东坡,闭口诸葛亮,诚不愧为夜郎后世矣。鲁之儒家,迂而执礼。齐之儒家,放而不经。如淳于、邹衍一切荒唐之词人,世人亦谓为儒家。

荆楚一带,本另是些民族,荆或者自商以来即是大国,亦或者始受殷号,后遂自立。楚国话与齐国话必不止方言之不同,不然,何至三年庄岳然后可知。孟子骂他们鴃舌,必然声音很和北方汉语不类。按楚国话语存在者，只有"谓乳穀，谓虎於菟"一语。乳是动词，必时有变动；而虎是静词，尚可资用。按吐蕃语虎为Stng，吐蕃语字前之S每在同族语中为韵，是此字易有线索，但一字决不能为证耳。又汉西南夷君长称精夫，疑即吐蕃语所谓Rgyal-po，《唐书》译为赞普者。《汉书·西南夷传》有几首四字诗对记，假如人能精于吐蕃语、太语、缅甸语，必有所发现。这个材料最可宝贵。楚之西有百濮，今西藏自称曰濮。又蛮闽等字音在藏文为人，或即汉语民字之对当？总之，文献不足，无从征之。

秦之先世必是外国，后来染上些晋文化，但俗与宗教想必同于西戎。特不解西周的风气何以一下子精光？

狄必是一个大民族。《左传》、《国语》记他们的名字不类单音语。且说到狄，每加物质的标记，如赤狄、白狄、长狄等等。赤白又长，竟似印度日耳曼族的样子，不知当时吐火罗等人东来，究竟达到什么地方？

应该是中国了，而偏和狄认亲（有娀，简狄）。这团乱糟糟的样子，究竟谁是诸夏，谁是戎狄？

中国之有民族的、文化的、疆域的一统，至汉武帝始全功，现在人曰汉人，学曰汉学，土曰汉土，俱是最合理的名词，不是偶然的。秦以前本不一元，自然有若干差别。人疑生庄周之土不应生孔丘。然如第一认清中国非一族一化,第二认清即一族一化之中亦非一俗,则其不同亦甚自然。秦本以西戎之化,略收点三晋文俗而统一中国。汉但接秦,后来鲁国、齐国又渐于文化上发生影响。可如下列看:

统一中国之国家者——秦。

统一中国之文教者——鲁。

统一中国之宗教者——齐。

统一中国之官术者——三晋。

此外未得发展而压下的东西多得很啦。所以我们觉得汉朝的物事少方面,晚周的物事多方面。文化之统一与否,与政治之统一与否相为因果;一统则兴者一宗,废者万家。

五　补说(《春秋》与《诗》)

承颉刚寄我《古史辨》第一册,那时我已要从柏林起身,不及细看。多多一看,自然不消说如何高兴赞叹的话,前文已说尽我所能说,我的没有文思使我更想不出别的话语来说。现在只能说一个大略的印象。

最可爱是那篇长叙,将来必须更仔细读它几回,后面所附着第二册拟目,看了尤其高兴,盼望的巴不得马上看见。我尤其希望的是颉刚把所辨出的题目一条一条去仔细分理,不必更为一般之辨,如作《原经》一类的文章。从第二册拟目上看来,颉刚这时注意的题目在《诗》,稍及《书》。希望颉刚不久把这一堆题目弄清楚,俾百诗的考伪孔后更有一部更大的大观。

我觉得《春秋》三传问题现在已成熟,可以下手了。我们可以下列的路线去想:

(一)《春秋》是不是鲁史的记载?这个问题很好作答,把二百多年中所记日食一核便妥了。

(二)左氏经文多者是否刘歆伪造?幸而哀十四年有一日食,且去一核,看是对否。如不对,则此一段自是后人意加。如对,则今文传统说即玄同先生所不疑之"刘歆伪造"坠地而尽。此点关系非常之大。

(三)孔子是否作《春秋》?此一点我觉得竟不能决,因没有材料。但这传说必已很久,而所谓公羊春秋之根本思想实与《论语》相合。

(四)孟子所谓《春秋》是否即今存之断烂朝报?此一段并非不成问题。

(五)春秋一名在战国时为公名,为私名?

(六)公羊传思想之时代背景。

（七）公羊大义由《传》、《繁露》，到何氏之变迁，中间可于断狱取之。

（八）谷梁是仿公羊而制的，或者是一别传？

（九）《史记》与《国语》的关系。

（十）《史记》果真为古文家改到那个田地吗？崔君的党见是太深的，决不能以他的话为定论。

（十一）《左氏传》在刘歆制成定本前之历史。此一端非常重要。《左传》绝不是一时而生，谅亦不是由刘歆一手而造。我此时有下一个设想：假定汉初有一部《国语》，又名《左氏春秋》，其传那个断烂朝报者实不能得其解，其间遂有一种联想，以为《春秋》与《国语》有关系，此为第一步。不必两书有真正之银丁扣，然后可使当时人以为有关系，有此传说，亦可动当时人。太史公恐怕就是受这个观念支配而去于《史记》中用其材料的，这个假设小，康崔诸君那个假设太大。公羊学后来越来越盛，武帝时几乎成了国学。反动之下，这传说亦越进化，于是渐渐的多人为《国语》造新解，而到刘向、刘歆手中，遂成此《左氏传》之巨观。古文学必不是刘歆一手之力，其前必有一个很长的渊源。且此古文学之思想亦甚自然。今文在当时成了断狱法，成了教条，成了谶纬阴阳，则古文之较客观者起来作反动，自是近情，也是思想之进化。

（十二）《左传》并不于材料上是单元。《国语》存本可看出，《国语》实在是记些语。《左传》中许多并不是语，而且有些矛盾的地方。如吕相绝秦语文章既不同，而事实又和《左传》所记矛盾。必是当年作者把《国语》大部分采来做材料，又加上好些别的材料，或自造的材料，我们要把它分析下去的。

（十三）《左传》、《国语》文字之比较。《左传》、《国语》的文字很有些分别，且去仔细一核，其中必有提醒人处。

（十四）东汉左氏传说之演进。左氏能胜了公羊，恐怕也有点适者生存的意思。今文之陋而夸，实不能满足甚多人。

（十五）古《竹书》之面目。

现在我只写下这些点。其实如是自己作起功来，所有之假设必然时时改变。今文古文之争，给我们很多的道路和提醒。但自庄孔刘宋到崔适，都不是些极客观的人物，我们必须把他所提醒的道路加上我们自己提醒的道路。

现在看《诗》，恐怕要但看白文，训诂可参考而本事切不可问。大约本事靠得住的如硕人之说庄姜是百分难得的；而极不通者一望皆是。如君子偕老为刺卫宣姜，真正岂有此理。此明明是称赞人而惜其运命不济，故曰"子之不淑"，犹云"子之不幸"。但论白文，反很容易明白。

《诗》的作年,恐怕要分开一篇一篇的考定,因为现在的"定本",样子不知道经过多少次的改变,而字句之中经流传而成改变,及以今字改古字,更不知有多少了。《颂》的作年,古文家的家论固已不必再讨论。玄同先生的议论,恐怕也还有点奉今文家法罢?果如魏默深的说法,则宋以泓之败绩为武成,说"深入其阻,裒荆之旅",即令自己不腼厚脸皮,又如何传得到后人?且殷武之武,如为抽象词,则哀公亦可当之,正不能定。如为具体词,自号武王是汤号。且以文章而论,《商颂》的地位显然介于邹鲁之间,《周颂》自是这文体的初步,《鲁颂》已大丰盈了。假如作《商颂》之人反在作《鲁颂》者之后,必然这个人先有摹古的心习,如宇文时代制诰仿《大诰》,石鼓仿《小雅》,然后便也。但即令宋人好古,也未必有这样心习。那么,《商颂》果真是哀公的东西,则《鲁颂》非僖公时物了。玄同先生信中所引王静庵先生的话,"时代较近易于摹拟",这话颇有意思,并不必如玄同先生以为臆测。或者摹拟两个字用得不妙。然由《周颂》到《商颂》,由《商颂》到《鲁颂》,文体上词言上是很顺叙,反转则甚费解。

《七月》一篇必是一遗传的农歌;以传来传去之故,而成文句上极大之 Corruption,故今已不顺理成章。这类时最不易定年代,且究是《豳风》否也未可知。因为此类农歌,总是由此地传彼地。

《鸱鸮》想也是一个农歌，为鸟说话，在中国诗歌中有独无偶。《东山》想系徂东征戍者之词，其为随周公东征，否则未可知。但《豳风》的东西大约都是周的物事，因为就是《七月》里也有好些句与《二南》、《小雅》同。《大雅》、《小雅》十年前疑为是大京调、小京调。风雅本是相对名词，今人意云雅而曰风雅，实不词（杜诗"别裁伪体亲风雅"），今不及详论矣。

《破斧》恐是东征罢敝，国人自解之言如是。后人追叙，恐无如此之实地风光。《破斧》如出后人，甚无所谓。下列诸疑拟释之如下：

如云是周公时物，何以周诰如彼难解，此则如此易解？答，诰是官话，这官话是限于小范围的，在后来的语言上影响可以很小。诗是民间通俗的话，很可以为后来通用语言之所自出。如蒙古白话上谕那末不能懂，而元曲却不然，亦复一例。且官书写成之后，便是定本，不由口传。诗是由口中相传的，其陈古的文句随时可以改换，故显得流畅。但难使字句有改换，其来源却不以这字句的改换而改换。

周公东征时称王，何以……（未完）

抄到此地，人极倦，而船不久停，故只有付邮。尾十多张，待于上海发。

抄的既潦草,且我以多年不读中国书后,所发议论必不妥者多,妥者少,希望不必太以善意相看。

弟　斯年

颉刚案:傅孟真先生此书,从 1924 年 1 月写起,写到 1926 年 10 月 30 日船到香港为止,还没有完。他归国后,我屡次催他把未完之稿写给我;无奈他不忙便懒,不懒便忙,到今一年余,还不曾给我一个字。现在《周刊》需稿,即以此书付印。未完之稿,只得过后再催了。书中看不清的草书字甚多,恐有误抄,亦俟他日校正。

一九二八、一、二

(原载 1928 年 1 月 23 日、31 日《国立第一中山大学语言历史学研究所周刊》第二集第十三、十四期)

评《秦汉统一之由来和
战国人对于世界的想像》

颉刚兄：

今天把你一向给我的信，从头"编年"一看，觉其中或者不曾有信失去。我共收到你的六封快信，最末一封为十一月十八《论孔子》，对么？现在分条从头一一细答，因以前信每不尽意也。

我对于你的《秦汉统一的由来和战国人对于世界的想像》有下列的意见：

（一）你这个"古疆域小，一个中央"思想，自然再对不过。这篇文章却并未提到"统一的由来"，若谓有个大的世界观念便能统一，则从无是说。

（二）我对于你的"古史辨"美中不足之一，是看你说殷颇有"扶得东来西又倒"之势。殷诚然不是一个一统天下，诚然还不如成周,但也决不会仅等于昆吾大彭。殷的疆域,东边"海外有截",西边伐鬼方,到了甘肃境,北边你承认它游牧到了直隶的保定。而且敌国之周,都那样称它,连曰大商大商,真像克殷才定了天下样的。我们在这些地方,应该充量用尚存的材料,而若干材料缺的地方,即让它缺着。此文中你说商,也未免有与古史辨中同一趋势。

(三)"知道他们已经游牧到直隶保定了",此句似应于他们下加"至少"二字。因为找出证据来者,可断其为有,不曾找出证据来者,亦不能断其为无。

(四)你引孟子"夏后殷周之盛"一段话,甚悖你古史辨原则。你正是去辨这些话哩! 孟子的历史说,即是你所去辨累层地中之一层。"汤百里,文王七十里"一流话,泛言之,则是"夏后殷周之盛地未有过千里者矣",显然不合事实。

(五)姜羌是否一字,似乎我们尚未得证据。

(六)《左传》的文句,最不宜乎固执去用,因为今本不知经过多少手也。"君处北海,寡人处南海",岂必是当时楚王之言? 诚恐是《国语》中语来语去之语耳。且楚在齐桓时并不处南海,待楚灭越后方真正处南海。

(七)你说"因为那时四海以内有个九方千里之地,所以就有了九州之说"，这话我想不见得如此。九本是一多数词，如汪中所举例。但即令九州之九由方千里者九来，而九州是从那里来呢？孟子这句话实在太模糊。当时的七国中，齐、燕、赵、秦、楚俱不止千里，秦、楚竟过三四千里，而韩、魏不及千里。且那两国千里是谁呢？当时的小国，周、卫、鲁俱远不及千里，而宋也不及，中山总是为人分来分去的。州一个观念，必是一个海国的观念。州岛恐本是一个字，只是"方言的歧异"，用久遂有两义。故《禹贡》一面言州，一面言岛夷皮服。州在《诗》尚是岛之义，渚岛州皆舌头发音也。如九州之观念不起于海边人民，则应云九宇、九有、九方，而不应云九州。我久疑此小九州之故说亦起于齐。去年告 M. Pelliot，他云岛州一字甚可能。在 Veda 中，大陆与岛屿亦是一字。今春找到 August Conrady 二十年前一文，名《纪元前六世纪印度在中国之影响》于此一点甚致疑。他说州之观念及推小至大之瀛海环州，均见于 Veda，当是由印度到中国。但此涉想之无稽甚显然。如由印度来，何不先至秦而反至齐？且此传说之见于 Veda，究竟是原印度日耳曼人的思想呢，或者是印度土物？如是印度土物，则 Veda 此说亦是借自被征服之民。如是原印度日耳曼人的思想，则原印度日耳曼人亦并非岛夷，焉得发明此思想。且此思想并不同见于希腊及日耳曼的早年神话，故此思想甚难谓之为

"Cosmology 印度的"。充量亦仅是印度早年土物。或者当年印度东南一带,南洋诸国,以直到中国的青营,有此一种 Vedic 之传说,其流入印度日耳曼人者,遂入 Veda,流入齐国者,遂有九州、大九州之说也。"齐国的邹"有此说,甚可长想。兄谓因为"齐国人有了这种想像,所以他们就有航海觅地的事业",这话适得其反,因为他们有航海觅地的事业,所以他们才有了,或从别人得了这种想像。古代齐国海路交通是大而早的。法显回来,由青州上岸。孙权要找辽东,竟布置海征的计划。汉文景武时,南越和匈奴能相策应。而殷之相土,已戡定了海外一块地方。大约齐之海上交通是史前世的事啦。

(八)徐福与日本一段故事,当是日本人当年慕汉族而造之谣言,与造武天皇等一以汉家皇帝之为号出于一个心理。

(九)《山海经》怕是很后的书,何以你不疑它一下呢?

(十)"那时候人敢于放胆思想所以常有很聪明的话(下至)……一个行是了"。我想,放胆思想只能有很荒唐的话。当时的一般阴阳家谶纬论者,每是有些方技的。他们却是着实的观天。观天的人见星一夜起东落西一回,而其中有以年变位置者。地动之一种想像甚可有,所难者,说明此天系统耳。哥白尼盖理律均是说明此系统。至如于地之动一种涉想,即巴比伦之牧童恐也必有想到者矣。且地动与认地是行星亦并不是一事。

（十一）"但何以后来武功就低落疆土就不能再开拓了"！你的答案是"尊重儒家"，给德化之说征"服"。我想后来汉家皇帝何以不再拓土，不是由于德化之说。我于心有一甚复杂的议论，此时写下累数千字。待下次作一长谈罢。

（十二）我总觉得你这篇文理，与在古史辨上，颇犯一种毛病，即是凡事好为之找一实地的根据，而不大管传说之越国远行。如谈到洪水必找会稽可以有洪水之证，如谈到纬书便想到当时人何以造此等等。其实世界上一些寓言（Parables），一些宇宙论（Cosmologics），每每远到数万里。洪水之说，今见之于 Genesis 者，实由巴比伦来。其在巴比伦者由何来，今不可得而考。纬书上一些想像，及洪水九州等观念，我们不可忘传说走路之事也。汉阴阳家多齐人，而制历者或有外国人，二百二十万年及颛顼诸历，焉知非中央亚细亚流入者也？如必为一事找它的理性的事实的根据，每如刻舟求剑，舟已行矣，而剑不行，凿矣。

弟　斯年

十二月七日

（原载 1927 年 11 月 8 日《国立第一中山大学

语言历史学研究所周刊》第一集第二期）

论孔子学说所以适应于
秦汉以来的社会的缘故

一

孟真兄：

弟有一疑难问题，乞兄一决：

在《论语》上看，孔子只是旧文化的继续者，而非新时代的开创者。但秦汉以后是一新时代，何以孔子竟成了这个时代的中心人物？

用唯物史观来看孔子的学说，他的思想乃是封建社会的产物。秦汉以下不是封建社会了，何以他的学说竟会支配得这样长久？

商鞅、赵武灵王、李斯一辈人，都是新时代的开创者，何以他们造成了新时代之后，反而成为新时代中的众矢之的？

弟觉得对于此问题,除非作下列的解释才行:

孔子不是完全为旧文化的继续者,多少含些新时代的理想,经他的弟子们的宣传,他遂甚适应于新时代的要求。

商鞅们创造的新时代,因为太与旧社会相冲突,使民众不能安定,故汉代调和二者而立国。汉的国家不能脱离封建社会的气息,故孔子之道不会失败。汉后二千年,社会不曾改变,故孔子之道会得传衍得这样长久。

兄觉得这样解释对吗?请批评,愈详细愈好。

弟　颉刚

十五、十一、十八

二

颉刚兄:

18日信到,甚喜。

你提出的这个问题,我对于这个问题本身有讨论。你问:"在《论语》上看……何以孔子成了这个时代的中心人物?"我想,我们看历史上的事,甚不可遇事为它求一理性的因,因为许多事实的产生,但有一个"历史的积因",不必有一个理性的因。即如佛教在南北朝隋唐时在中国大行,岂是谓佛教恰合于当年社会?岂是谓从唯物史观看来,佛教恰当于这时兴盛于中国? 实在不过中国当年社会中人感觉人生之艰苦太大(这种感觉何时不然,不过有时特别大),而中国当年已有之迷信与理性不足以以安慰之,有物从外来,谁先谁立根基,不论它是佛、是祆、是摩尼、是景教,先来居势,并不尽由于佛特别适于中国。且佛之不适于中国固有历史,远比景教等大。那种空桑之教,无处不和中国人传统思想相反。然而竟能大行,想是因为这种迷信先别种迷信而来,宣传这种迷信比宣传别种迷信的人多,遂至于居上。人们只是要一种"有说作"的迷信,从不暇细问这迷信的细节。耶稣教西行,想也是一个道理。我们很不能说那萨特的耶稣一线最适宜于庞大而颓唐的罗马帝国,实在那时罗马帝国的人们但要一种"有说作"的迷信以安慰其苦倦,而恰有那萨特的耶稣一线奋斗的最力,遂至于接受。我常想,假如耶稣教东来到中国,佛教西去欧洲,未必不一般的流行,或者更少困难些。因为佛教在精神上到底是个印度日耳曼人的出产品,而希伯来传训中,宗法社会思想之重,颇类中国也(此等事在别处当详说)。

我说这一篇旁边话,只是想比喻儒家和汉以来的社会,不必有"银丁扣"的合拍。只要儒家道理中有几个成分和汉以来的社会中主要部分有相用的关系,同时儒家的东西有其说,而又有人传，别家的东西没有这多说，也没有这多人传，就可以几世后儒家统一了中等阶级的人文。儒家尽可以有若干质素甚不合于汉朝的物事，但汉朝找不到一个更有力的适宜者，儒家遂立足了。一旦立足之后，想它失位，除非社会有大变动，小变动它是能以无形的变迁而适应的。从汉武帝到清亡，儒家无形的变动甚多，但社会的变化究不曾变到使它四方都倒之势。它之能维持二千年，不见得是它有力量维持二千年，恐怕是由于别家没有力量举出一个Alternative（别家没有这个机会）。

儒家到了汉朝统一中国，想是因为历史上一层一层积累到势必如此，不见得能求到一个汉朝与儒家直接相对的理性的对当。

这恐怕牵到看历史事实的一个逻辑问题。

说孔子于旧文化之成就，精密外，更有何等开创，实找不出证据。把《论语》来看，孔子之人物可分为四条。

（一）孔子是个入世的人，因此受苦于楚人的侮辱。

（二）孔子的国际政治思想，只是一个霸道，全不是孟子所谓王道，理想人物即是齐桓、管仲。但这种浅义，甚合孔子的时代（此条长信已说）。

（三）孔子的国内政治思想，自然是"强公室杜私门"主义。如果孔子有甚新物事贡献，想就是这个了。这自然是甚合战国时代的。但孔子之所谓正名，颇是偏于恢复故来的整齐：（至少是他所想像的故来），而战国时之名法家则是另一种新势力之发展。且战国时之名法家，多三晋人，甚少称道孔子，每每讥儒家。或者孔子这思想竟不是战国时这种思想之泉源。但这种思想，究竟我们以见之于孔子者为最早。

（四）孔子真是一个最上流十足的鲁人。这恐怕是孔子成为后来中心人物之真原因了。鲁国在春秋时代，一般的中产阶级文化，必然是比那一国都高，所以鲁国的风气，是向四方面发展的。齐之"一变至于鲁"，在汉朝已是大成就，当时的六艺，是齐鲁共之的。这个鲁化到齐从何时开始，我们已不可得而知，但战国时的淳于髡、邹衍等，已算是齐采色的儒家。鲁化到三晋，我们知道最早的有子夏与魏文侯的故事。中央的几国是孔子自己"宣传"所到，他的孙子是在卫的。荀卿的思想，一面是鲁国儒家的正传，一面三晋的采色那么浓厚。鲁化到楚，也是很早的。陈良总是比孟子前一两辈的人，他已经是北学于中国了。屈原的时代，在战国不甚迟，《离骚》一部书，即令是他死后恋伤他的人之作，想也不至于甚后，而这篇里"上称帝喾，下道齐桓，中述汤武，远及尧舜"四端中，三端显是自鲁来的。又《庄子·天下》篇，自然不是一篇很早的文，但以他所称与不称的人比列一下子，总也不能甚迟，至迟当是荀卿、吕不韦前一辈的人。且这文也看不出是鲁国人做的痕迹。这篇文于儒家以外，都是以人为单位，而于邹鲁独为一Collective之论，这里边没有一句称孔子的话，而有一大节发挥以邹鲁为文宗。大约当时人谈人文者仰邹鲁，而邹鲁之中以孔子为最大的闻人。孔子之成后来中心人物。想必是凭借鲁国。

《论语》上使我们显然看出孔子是个吸收当时文化最深的人。大约记得的前言往行甚多，而于音乐特别有了解，有手段。他不必有甚么特别新贡献，只要鲁国没有比他更大的闻人，他已经可以凭借着为中心人物了。

鲁国的儒化有两个特别的彩色：

（一）儒化最好文饰，也最长于文饰。抱着若干真假的故事，若干真假的故器，务皮毛者必采用。所以好名高的世主，总采儒家，自魏文侯以至汉武帝。而真有世间阅历的人，都不大看得起儒家，如汉之高宣。

（二）比上项更有关系的，是儒家的道德观念，纯是一个宗法社会的理性发展。中国始终没有脱离了宗法社会。世界上自有历史以来，也只有一小部分的希腊及近代欧洲，脱离了宗法社会。虽罗马也未脱离的。印度日耳曼民族中，所以能有一小部分脱离宗法社会的原故，想是由于这些民族的一个最特别的风俗是重女子(张骞的大发明)。因为女子在家庭中有力量,所以至少在平民阶级中,成小家庭的状态,而宗法因以废弛。中国的社会,始终以家为单位。三晋的思想家每每只承认君权,但宗法社会在中国的中等阶级以上,是难得消失的,这种自完其说的宗法伦理渐渐传布,也许即是鲁国文化得上风的由来。

本来宗法社会也但是一个有产阶级的社会,在奴婢及无产业人从来谈不到宗法。宗法的伦理必先严父,这实于入战国以来专制政治之发达未尝不合。那样变法的秦伯,偏谥为孝公。秦始皇统一后,第一举即是到峄山下,聚诸儒而议礼,迨议论不成,然后一人游幸起来。后来至于焚书坑儒,恐俱非其本心。秦王是个最好功喜名的人,儒家之文饰,自甚合他的本味。试看峄山刻石,特提"孝道显明",而会稽刻石,"匡饬异俗"之言曰,"有子而嫁,倍死不贞,防隔内外,禁止淫佚,男女絜诚,夫为寄豭,杀之无罪,男秉义程,妻为逃嫁,子不得母"。看他这样以鲁俗匡饬越俗的宗旨,秦国的宗法伦理,在上流社会上是不会堕的。故始皇必以清议而纳母归。孝之一字必在世家方有意义,所以当时孝字即等于decency,甚至如刘邦一类下等流氓,亦必被人称为大孝,而汉朝皇帝无一不以孝为谥。暴发户学世家,不得不如此耳。有这个社会情形,则鲁儒宗之伦理传布,因得其凭借。

封建一个名词之下，有甚多不同的含义。西周的封建，是开国殖民，所以封建是谓一种特殊的社会组织。西汉的封建是割裂郡县，所以这时所谓封建但是一地理上之名词而已。宗周或以灭国而封建，如殷、唐等；或以拓新土而封建，如江汉。其能封建稍久的，在内则公室贵族平民间相影响成一种社会的组织。其中多含人民的组织。人民之于君上，以方域小而觉亲，以接触近而觉密。试看《国风》，那时人民对于那时公室的兴味何其密切。那时一诸侯之民，便是他的战卒，但却不即是他的俘虏。这种社会是养成的。后来兼并愈大，愈不使其下层人民多组织（因为如此最不便于虏使）。其人民对于其公室之兴味，愈来愈小。其为政者必使其人民如一团散沙，然后可以为治。如秦始皇之迁天下豪杰于咸阳，即破除人民的组织最显明的事。封建社会之灭，由于十二国七国之兼并，秦只是把六国灭了罢了。封建的社会制早已亡，不待秦。

中国之由春秋时代的"家国"演进为战国时代的"基于征服之义"之国，是使中国人可以有政治的大组织，免于匈奴、鲜卑之灭亡我们的；同时也是使中国的政治永不能细而好的。因为从战国秦的局面，再一变，只能变到中央亚细亚大帝国之局面，想变到欧洲政治之局面是一经离开封建制以后不可能的（从蒙古灭宋后，中国的国家,已经成了中央亚细亚大帝国之局面了。唐宋的政治虽腐败,比起明清来,到底多点"民气")。

在汉初年,假如南粤赵氏多传一百年,吴濞传国能到宣元时,或者粤吴重新得些封建社会的组织。但国既那末大,又是经过一番郡县之后,这般想是甚不自然的。汉初封建只是刘家家略,刘邦们想如此可以使姓刘的长久,遂割郡县以为国。这是于社会的组织上甚不相涉的。顶多能够恢复到战国的七雄,决不能恢复到成周春秋之封建。封建之为一种社会的组织,是在战国废的,不是在秦废的。汉未尝试着恢复这社会的组织,也正不能。

我觉得秦国之有所改变,只是顺当年七国的一般趋势,不特不曾孤意的特为改变,而且比起六国来反为保守。六国在战国时以经济之发展,侈靡而失其初年军国之精神(特别是三晋),秦国则立意保存,从孝公直到秦皇。

汉初一意承秦之续,不见得有一点"调和二者"的痕迹。这层汉儒是很觉得的。太史公把汉看得和秦一般,直到王莽时,扬雄剧秦美新,亦只是剧汉美新耳。东汉的儒家,方才觉得汉不是秦。

儒家虽由汉武室为国教,但儒家的政治理想,始终未完全实现。东汉晚年礼刑之辩,实是春秋理想与战国理想之争,鲁国理想与三晋理想之争。鲁国以国小而文化久,在战国时也未曾大脱春秋时封建气。儒家的理想,总是以为国家小应只管政刑,还要有些社会政策,养生送死,乃至仪节。三晋思想总是以为这都非国家所能为,所应为,国家但执柄。其弊是儒家从不能有一种超予 Ethics 的客观思想,而三晋思想家所立的抽象的机作,亦始终不可见,但成君王之督责独裁而已。

近代最代表纯正儒家思想者,如顾亭林,其《封建十论》,何尝与柳子厚所论者为一件事? 柳子厚的问题是:封建(即裂土,非成俗)于帝室之保全,国内之秩序为便呢,或是但是郡县? 亭林的问题是:封建(即成俗,非裂土)能安民或者郡县? 亭林答案,以为"郡县之弊其弊在上",必层层设监,愈不胜其监。刺史本是行官,旋即代太守;巡按本是行官,旋即代布政,愈防愈腐,以人民之中未有督责也。

中国离封建之局(社会的意义),遂不得更有欧洲政治的局面,此义我深信深持,惜此信中不能更详写下。

商鞅、赵武灵王、李斯实在不是一辈人。商鞅不是一个理想家,也不是一个专看到将来的人。他所行的法,大略可以分做四格:(一) 见到晋国霸业时之军国办法,以此风训练秦国;(二) 使警察成人民生活的习惯;(三) 抑止财富的势力侵到军国。此亦是鉴予晋之颓唐;(四) 使法令绝对的实行。商君到底是个三晋人。自孝公以来秦所以盛,我试为此公式"以戎秦之粗质,取三晋之严文"。

商鞅这种变法,是与后来儒家的变成法家,如王莽、王安石等,绝然不同的。

赵武灵王不曾变法,只是想使人民戎俗而好战,以便开拓胡地中山,并以并秦。他是一个甚浪漫的人。但不见得有制度思想。

李斯的把戏中,真正太多荀卿的思想。荀卿所最痛言的"一天下建国家之权称",李斯实现之。他的事作与商君的事作甚不类。商君是成俗,李斯是定权衡。

这些人不见得在当时即为"众矢之的"。我们现在读战国的历史,只能靠一部《史记》。《战国策》已佚,今存当是后人辑本(吴汝纶此说甚是),而这部《史记》恰恰是一部儒家思想的人做的。商君的人格,想也是很有力量而超越平凡的。看他答公孙痤之言,何其有见识而有担当。且后来一靠孝公,不为私谋,秦国终有些为他诉冤的人。即令有人攻击他,也必是攻击他的私人,不闻以他之法为众矢之的。至于李斯,后人比忠者每称之。《史记》上有一个破绽"人皆以斯极忠而被五刑。察其本,乃与俗议之异。不然,斯之功且与周召列矣"。可见子长时人尚皆称许李斯,非子长一人在《史记》上作翻案文章耳。子长最痛恨公孙弘,最看不起卫、霍一流暴发户,最不谓然的是好大喜功,故结果成了一部于汉武帝过不去的谤书。他这"一家之言",我们要留神的。陈涉造反,尚用扶苏的名义,可见当时蒙将军之死,必是世人歌泣的一件事。蒙氏有大功,而被大刑,不合太史公的脾胃,把他一笔抹杀,这岂能代表当年的舆论哉? 如果《史记》有好处,必是它的"先黄老而后六经,退处士而进奸雄,羡货利而羞贱贫"。但头一句尚是它的老子的好处,他的儒家思想之重,但这书但成"一家之言"。假若现在尚有当年民间的著述,必另是一番议论。我们现在切不可从这不充足的材料中抽结论。

到了后世甚远,儒家思想、儒家记载,专利了。当年民间真正的舆论,就不见了。

宋前,曹操在民间的名誉不坏;从宋起,儒家思想普及民间,而曹公变为"众矢之的"。当年何曾是如此的?

以上一气写下,一时想到者,意实未尽也。

弟 斯年

十五、十一、廿八

三

颉刚兄:

兄弟六信提出一事,弟于上次信叙了我的意思很多。我现在补说下列几句：

中国社会的变迁，在春秋战国之交，而不在秦。七国制、秦制、汉制，都差不多。其得失存亡，在政而不在制。

商鞅一般人不见得在当时受恶名。我又举下列两事：（一）李斯上书，举商君以为客之益秦之例；（二）公孙衍、张仪，孟子的学生大称之，大约是当时时论，而遭了孟子大顿骂。孟子是儒家，不见得能代表当时时论。

有一人颇有一部分像商君者，即吴起，在其能制法明令以强国。而吴起所得罪的人，也正是商君所得罪的，即是当时的贵族。大约战国初年的趋势，是以削贵族的法子强国。

弟　斯年

十五、十二、七

（原载 1927 年 12 月 6 日《国立第一中山大学

语言历史学研究所周刊》第一集第六期）

评《春秋时的孔子和汉代的孔子》

颉刚兄：

这篇文章的思想，和我上次信上的意思大致相同，这是很可快乐的事。但是最好还是希望我们的想头不同，才有争论。

这篇文章里，我也有几点与你所说小异：

（一）孔子不见得是纯粹的这么一个君子，大约只是半个君子而半个另是别的。孔子也骂君子，是你也举的。《论语》上有好些话出于君子之外。至于"他修养的意味极重，政治的意味很少"，这话恐怕不尽然。《论语》上先有这么些政治的意味的话。

（二）古文一派恐不始于向、歆。我的书太不熟，七年国外，忘得光光。我所记得的最早古文思想，是东方朔对武帝话，以周公为丞相，孔丘为御史大夫。但这话也正出于《汉书》，实不能取为确据。有了董仲舒一流之巫师,则古文一种较 National 的东西必起来,本无疑也。

（三）兄谓"宗教一面的材料没有寄顿之处,就改拉了老子做教主成就了道教……孔子就成了士大夫的先师了"。这话大致很对。但最初拉老子的人,还是那些偏于古文的儒家,如王弼、何晏等。黄巾道士并不拉老子。等着道士拉老子,恐是葛洪前后的事了。

孔子之政治思想,我认为甚紧要。内谈正名,外谈伯道,实是当前的大题目。伯道在孔子时没有一点坏意思。现在人想起伯来,便想到西楚伯王,遂误会了。

《论语》上孔子之修养采色,恐亦是由《论语》之成就造成。《论语》当然是有子曾子一派的。这派人总是少谈政事,多谈修养,好弄那些礼貌的架子。有子便是架子大家,大约是架子"似夫子"。我们就这一派人的传记看孔子,自然由这个角的 Perspective 加重这一派人的采色。

我有一个非常自信的成见,以为我们研究秦前问题,只能以书为单位,不能以人为单位。而以书为单位,一经分析之后,亦失其为单位。故我们只能以《论语》为题,以《论语》之孔子为题,不能但以孔子为题。孔子问题是个部分上不能恢复的问题,因为

"文献不足征也"。否则汇集一切孔子说,如孙星衍所愿自效于他所想像以为七十二代文人者,亦正乱七八糟。今以《论语》的单位,尚可抽出一部分的孔子来,其全部分的孔子是不可恢复了。于墨子、庄子等等俱如此,俱以书为单位,而于分析之后不勉强补苴罅漏。其有不能解决之问题"及史之阙文"而已。

弟　斯年

十五、十二、七

(原载 1927 年 12 月 13 日《国立第一中山大学

语言历史学研究所周刊》第一集第七期)

历史语言研究所工作之旨趣

　　历史学和语言学在欧洲都是很近才发达的。历史学不是著史：著史每多多少少带点古世中世的意味，且每取伦理家的手段，作文章家的本事。近代的历史学只是史料学，利用自然科学供给我们的一切工具，整理一切可逢着的史料，所以近代史学所达到的范域，自地质学以至目下新闻纸，而史学外的达尔文论正是历史方法之大成。欧洲近代的语言学在梵文的发见影响了两种古典语学以后才降生，正当十八、十九世纪之交。经几个大家的手，印度日耳曼系的语言学已经成了近代学问最光荣的成就之一，别个如赛米的系，芬匈系，也都有相当的成就，即在印度支那语系也有有意味的揣测。十九世纪下半的人们又注意到些个和欧洲语言全不相同的语言，如黑人的话等等，"审音之功"更大进步，成就了甚细密的实验语音学，而一语里面方言研究之发达，更使学者知道语言流变的因缘，所以以前比较言语学尚不过是和动物植物分类学或比较解剖学在一列的，最近一世语言学所达到的地步，已经是生物发生学、环境学、生理学了。无论综比的系族语学，如印度日耳曼族语学等，或各种的专语学，如日耳曼语学、芬兰语学、伊斯兰语学等，在现在都成大国。本来语言即是思想，一个民族的语言即是这一个民族精神上的富有，所以语言学总是一个大题目，而直到现在的语言学的成就也很能副这一个大题目。在历史学和语言学发达甚后的欧洲是如此，难道在这些学问发达甚早的中国，必须看着他荒废，我们不能制造别人的原料，便是自己的原料也让别人制造吗？

论到语言学和历史学在中国的发达是很引人寻思的。西历纪元前两世纪的司马迁，能那样子传信存疑以别史料，能作八书，能排比列国的纪年，能有若干观念比十九世纪的大名家还近代些。北宋的欧阳修一面修《五代史》，纯粹不是客观的史学，一面却作《集古录》，下手研究直接材料，是近代史学的真工夫。北南宋的人虽然有欧阳修的《五代史》，朱熹的《纲目》，是代表中世古世的思想的，但如司马光作《通鉴》，"编阅旧史，旁采小说"，他和刘攽、刘恕、范祖禹诸人都能利用无限的史料，考定旧记，凡《通鉴》和所谓正史不同的地方每多是详细考定的结果,可惜长篇不存在,我们不得详细看他们的方法,然尚有《通鉴考异》说明史料的异同。宋朝晚年一切史料的利用,及考定辨疑的精审,有些很使人更惊异的。照这样进化到明朝,应可以有当代欧洲的局面了,不幸胡元之乱,明朝人之浮夸,不特不进步,或者退步了。明清之交,浙东的史学派又发了一个好端涯,但康熙以后渐渐的熄灭,无论官书和私著,都未见得开新趋向,这乃由于外族政府最忌真史学发达之故。语言学中,中国虽然没有普日尼,但中国语本不使中国出普日尼,而中国文字也出了《说文解字》,这书虽然现在看来只是一部没有时代观念,不自知说何文解何字的系统哲学,但当年总是金声玉振的书,何况还有认识方言的辎轩使者?古代的故事且少论,论近代:顾炎武搜求直接的史料订史文,以因时因地的音变观念为语学,阎若璩以实在地理订古记载,以一切比核辨证伪孔,不注经而提出经的题目,并解决了他,不著史而成就了可以永远为法式的辨史料法。亭林、百诗这样对付历史学和语言学,是最近代的:这样立点便是不朽的遗训。不幸三百年前虽然已经成就了这样近代的一个遗训,一百多年前更有了循这遗训的形迹而出的好成就,而到了现在,除零零星星几个例外以外,不特不因和西洋人接触,能够借用新工具,扩张新材料,反要坐看修元史修清史的做那样官样形式文章,又坐看章炳麟君一流人尸学问上的大权威。章氏在文字学以外是个文人,在文字学以内做了一部《文始》,一步倒退过孙诒让,再步倒退过吴大澂,三步倒退过阮元,不特自己不能用新材料,即是别人已经开头用了的新材料,他还抹杀着,至于那部《新方言》,东西南北的猜去,何尝寻杨雄就一字因地变异作观察?这么竟倒退过二千多年了。

推绎说去,为甚么在中国的历史学和语言学开了一个好的端绪以后,不能随时发展,到了现在这样落后呢?这原故本来显然,我们可以把一句很平实的话作一个很概括的标准。(一)凡能直接研究材料,便进步,凡间接的研究前人所研究或前人所创造之系统,而不繁丰细密的参照所包含的事实,便退步。上项正是所谓科学的研究,下项正是所谓书院学究的研究,在自然科学是这样,在语言学和历史学亦何尝不然?举例说,以《说文》为本体,为究竟,去作研究的文字学,是书院学究的作为,仅以《说文》为材料之一种,能充量的辨别着去用一切材料,如金文、甲骨文等,因而成就的文字学,乃是科学的研究。照着司马子长的旧公式,去写纪表书传,是化石的史学,能利用各地各时的直接材料,大如地方志书,小如私人的日记,远如石器时代的发掘,近如某个洋行的贸易册,去把史事无论巨者或细者,单者或综合者,条理出来,是科学的本事。科学研究中的题目是事实之汇集,因事实之研究而更产生别个题目。所以有些从前世传来的题目经过若干时期,不是被解决了,乃是被解散了,因为新的事实证明了旧来问题不成问题,这样的问题不管他困了多少年的学者,一经为后来发见的事实所不许之后,自然失了他的成为问题之地位。破坏了遗传的问题,解决了事实逼出来的问题,这学问自然进步。譬如两部《皇清经解》,其中的问题是很多的,如果我们这些以外不再成题目,这些以内不肯捐弃任何题目,自然这学问是静止的,是不进步的。一种学问中的题目能够新陈代谢,则所得结果可以层层堆积上去,即使年代久远,堆积众多,究竟不觉得累赘,还可以到处出来新路,例如很发达的天文物理化学生物等科目;如果永远盘桓于传留的问题,旧题不下世,新题不出生,则结果直是旋风舞而已,例如中国的所谓经学中甚多题目,如西洋的哲学。所以中国各地零零碎碎致力于历史或语言学范围内事的人也本不少,还有些所谓整理国故的工作,不过每每因为所持住的一些题目不在关键中,换言之,无后世的题目,或者是自缚的题目,遂至于这些学问不见奔驰的发展,只表昏黄的残缺。(二)凡一种学问能扩张他所研究的材料便进步,不能便退步。西洋人研究中国或牵连中国的事物,本来没有很多的成绩,因为他们读中国书不能亲切,认中国事实不能严辩，所以关于一切文字审求，文籍考订，史事辨别，等等，在他们永远一筹莫展，但他们却有些地方比我们范围来得宽些。我们中国人多是不会解决史籍上的四裔问题的，丁谦君之诸史外国传考证远不如沙万君之译外国传，玉连之解大唐西域记，高幾耶之注马哥博罗游记，米勒之发读回纥文书，这都不是中国人现在已经办到的。凡中国人所忽略，如匈奴、鲜卑、突厥、回纥、契丹、女真、蒙古、满洲等问题，在欧洲人却施格外的注意。说句笑话，假如中国学是汉学，为此学者是汉学家，则西洋人治这些匈奴以来的问题岂不是虏学，治这些学者岂不是虏学家吗？然而也许汉学之发达有些地方正借重虏学呢！又如最有趣的一些材料，如神祇崇拜，歌谣，民俗，各地各时雕刻文式差别，中国人把他们忽略了千百年，还是欧洲人开头为有规模的注意。零星注意中国向来有的。西洋人作学问不是去读书，是动手动脚到处寻找新材料，随时扩大旧范围，所以这学问才有四方的发展，向上的增高。中国文字学之进步，正因为《说文》之研究消灭了《汗简》，阮、吴诸人金文之研究识破了《说文》，近年孙诒让、王国维等之殷文研究更能继续金文之研究。材料愈扩充，学问愈进步，利用了档案，然后可以订史，利用了别国的记载，然后可以考四裔史事。在中国史学的盛时，材料用得还是广的，地方上求材料，刻文上抄材料，档库中出材料,传说中辨材料,到了现在,不特不能去扩张材料,去学曹操设"发冢校尉",求出一部古史于地下遗物,就是"自然"送给我们的出土的物事,以及敦煌石藏,内阁档案,还由他毁坏了好多,剩下的流传海外,京师图书馆所存摩尼经典等等良籍,还复任其搁置,一面则谈整理国故者人多如鲫,这样焉能进步?(三)凡一种学问能扩充他作研究时应用的工具的,则进步,不能的,退步。实验学家之相竞如门宝一般,不得其器,不成其事,语言学和历史学亦复如此。中国历来的音韵学者审不了音,所以把一部《切韵》始终弄不甚明白,一切古音研究仅仅以统计的方法分类,因为几个字的牵连,使得分类上各家不同,即令这些分类有的对了,也不过能举其数,不能举其实,知其然不知其所以然,如钱大昕论轻唇舌上古来无之,乃自重唇舌头出,此言全是,然何以重唇分出一类为轻唇,舌头分一类为舌上,竟不是全部的变迁,这层道理非现在审音的人不能明白,钱君固说不出。若把一个熟习语音学的人和这样一个无工具的研究者比长短,是没法子竞争的。又如解释隋唐音,西洋人之知道梵音的,自然按照译名容易下手,在中国人本没有这个工具,又没有法子。又如西藏、缅甸、暹罗等语,实在和汉语出于一语族,将来以比较言语学的方法来建设中国古代言语学,取资于这些语言中的印证处至多,没有这些工具不能成这些学问。又如现代的历史学研究已经成了一个各种科学的方法之汇集。地质、地理、考古、生物、气象、天文等学,无一不供给研究历史问题者之工具。顾亭林研究历史事迹时自己观察地形,这意思虽然至好,但如果他能有我们现在可以向西洋人借来的一切自然科学的工具,成绩岂不更卓越呢? 若干历史学的问题非有自然科学之资助无从下手,无从解决。譬如《春秋》经是不是终于获麟,《左氏》经后一段是不是刘歆所造补,我们正可以算算哀公十四年之日食是不是对的,如不对,自然是伪作,如对了,自然是和获麟前《春秋》文同出《史》所记。又譬如我们要掘地去,没有科学资助的人一铲子下去,损坏了无数古事物,且正不知掘准了没有,如果先有几种必要科学的训练,可以一层一层的自然发现,不特得宝,并且得知当年入土之踪迹,这每每比所得物更是重大的智识。所以古史学在现在之需用测量本领及地质气象常识,并不少于航海家。中国史学者先没有这些工具,那能使得史学进步? 无非靠天帮忙,这里那里现些出土物,又靠西洋人的腿,然而却又不一定是他们的脑袋,找到些新材料而已。整理自己的物事的工具尚不够,更说不上整理别人的物事,如希腊艺术如何影响中国佛教艺术,中央亚细亚的文化成分如何影响到中国的物事,中国文化成分如何由安西西去,等等,西洋的东方学者之拿手好戏，日本近年也有竟敢去干的，中国人目前只好拱手谢之而已。

由上列的三项看来，除几个例外算，近几世中中国语言学和历史学实不大进步，其所以如此，自是必然的事实。在中国的语言学和历史学当年之有光荣的历史，正因为能开拓的用材料，后来之衰歇，正因为题目固定了，材料不大扩充了，工具不添新的了。不过在中国境内语言学和历史学的材料是最多的，欧洲人求之尚难得，我们却坐看他毁坏亡失。我们着实不满这个状态，着实不服气，就是物质的原料以外，即便学问的原料，也被欧洲人搬了去乃至偷了去。我们很想借几个不陈的工具，处治些新获见的材料，所以才有这历史语言研究所之设置。

我们宗旨第一条是保持亭林、百诗的遗训。这不是因为我们震慑于大权威，也不是因为我们发什么"怀古之幽情"，正因为我们觉得亭林、百诗在很早的时代已经使用最近代的手段，他们的历史学和语言学都是照着材料的分量出货物的。他们搜寻金石刻文以考证史事，亲看地势以察古地名。亭林于语言按照时和地变迁的这一个观念看得颇清楚，百诗于文籍考订上成那末一个伟大的模范著作，都是能利用旧的新的材料，客观的处理实在问题，因解决之问题更生新问题，因问题之解决更要求多项的材料。这种精神在语言学和历史学里是必要的,也是充足的。本这精神,因行动扩充材料,因时代扩充工具,便是唯一的正当路径。

宗旨第二条是扩张研究的材料。

第三条是扩张研究的工具。这两层的理由上文中已叙说,不再重复了。这三件实在是一句话,没有客观的处理史学或语言学的题目之精神,即所谓亭林、百诗的遗训者,是不感觉着扩充材料之必要,且正也扩充不了,若不扩张工具,也不能实现这精神,处置这材料。

关于我们宗旨的负面还有几句话要说。

(一)我们反对"国故"一个观念。如果我们所去研究的材料多半是在中国的,这并不是由于我们专要研究"国"的东西,乃是因为在中国的材料到我们的手中方便些,因为我们前前后后对于这些材料或已经有了些研究,以后堆积上研究去方便些,好比在中国的地质或地理研究所所致力的,总多是些中国地质地理问题,在中国的生物研究所所致力的,总多是些中国生物问题,在中国的气象研究所所致力的,总是些中国各地气象观察。世界上无论那一种历史学或那一种语言学,要想做科学的研究,只得用同一的方法,所以这学问断不以国别成逻辑的分别,不过是因地域的方便成分工。国故本来即是国粹，不过说来客气一点儿，而所谓国学院也恐怕是一个改良的存古学堂。原来"国学"、"中国学"等等名词，说来都甚不详，西洋人造了支那学"新诺逻辑"一个名词，本是和埃及脱逻辑、亚西里亚逻辑同等看的，难道我们自己也要如此看吗？果然中国还有将来，为什么算学、天文、物理、化学等等不都成了国学，为什么国学之下都仅仅是些言语、历史、民俗等题目？且这名词还不通达，取所谓国学的大题目在语言学或历史学的范围中的而论，因为求这些题目之解决与推进，如我们上文所叙的，扩充材料，扩充工具，势必至于弄到不国了，或不故了，或且不国不故了。这层并不是名词的争执，实在是精神的差异之表显。（二）我们反对疏通，我们只是要把材料整理好，则事实自然显明了。一分材料出一分货，十分材料出十分货，没有材料便不出货。两件事实之间，隔着一大段，把他们联络起来的一切涉想，自然有些也是多多少少可以容许的，但推论是危险的事，以假设可能为当然是不诚信的事。所以我们存而不补，这是我们对于材料的态度；我们证而不疏，这是我们处置材料的手段。材料之内使他发见无遗，材料之外我们一点也不越过去说。果然我们同人中也有些在别处发挥历史哲学或语言泛想，这些都仅可以当作私人的事，不是研究所的工作。（三）我们不做或者反对所谓普及那一行中的工作。近百年中,拉丁文和希腊文在欧洲一般教育中之退步,和他们在学问上之进步,恰恰成正比例,我们希望在中国也是如此。现在中国希望制造一个新将来,取用材料自然最重要的是欧美的物质文明,即物质以外的东西也应该取精神于未衰败的外国。历史学和语言学之发达自然于教育上也有相当的关系,但这都不见得即是什么经国之大业不朽之盛事,只要有十几个书院的学究肯把他们的一生消耗到这些不生利的事物上,也就足以点缀国家之崇尚学术了——这一行的学术。这个反正没有一般的用处,自然用不着去引诱别人也好这个,如果一旦引了,不特有时免不了致人于无用,且爱好的主观过于我们的人进来时,带进了些乌烟瘴气,又怎么办?

这个历史语言研究所本是大学院院长蔡先生委托在广州的三人筹备的,现在正计划和接洽应举的事,已有些条随着人的所在小小动手,却还没有把研究所的大体设定。稍过些时,北伐定功,破虏收京之后,这研究所的所在或者一部分在广州一部分在北京,位置的方便供给我们许多工作进行的方便。我们最要注意的是求新材料,第一步想沿京汉路,安阳至易州,安阳殷墟以前盗出之物并非彻底发掘,易州、邯郸又是燕赵故都,这一带又是卫邶故域。这些地方我们既颇知其富有,又容易达到的,现在已着手调查及布置,河南军事少静止,便结队前去。第二步是洛阳一带,将来一步一步的西去,到中央亚细亚各地,就脱了纯中国材料之范围了。为这一些工作及随时搜集之方便,我们想在洛阳或西安、敦煌或吐鲁蕃、疏勒,设几个工作站,"有志者事竟成"!因为广州的地理位置,我们将要设置的研究所要有一半在广州,在广州的四方是最富于语言学和人类学的材料的,汉语将来之大成全靠各种方言之研究,广东省内及邻省有很多种的方言,可以每种每种的细细研究,并制定表式,用语音学帮助,作比较的调查。至于人类学的材料,则汉族以外还有几个小民族,汉族以内,有几个不同的式和部居,这些最可宝贵的材料怕要渐渐以开化和交通的缘故而消灭,我们想赶紧着手采集。我们又希望数年以后能在广州发达南洋学:南洋之富于地质生物的材料,是早已著明的了。南洋之富于人类学材料,现在已渐渐为人公认。南洋学应该是中国人的学问,因为南洋在一切意义上是"汉广"。总而言之,我们不是读书的人,我们只是上穷碧落下黄泉,动手动脚找东西!

现因我们研究所之要求及同人之祈向,想次第在两年以内设立下列各组;各组之旨趣及计划,以后分别刊印。

一、文籍考订;

二、史料征集；

三、考古；

四、人类及民物；

五、比较艺术。

以上历史范围。

六、汉语；

七、西南语；

八、中央亚细亚语；

九、语言学。

以上语言范围。

历史学和语言学发展到现在，已经不容易由个人作孤立的研究了，他既靠图书馆或学会供给他材料，靠团体为他寻材料，并且须得在一个研究的环境中，才能大家互相补其所不能，互相引会，互相订正，于是乎孤立的制作渐渐的难，渐渐的无意谓，集众的工作渐渐的成一切工作的样式了。这集众的工作中有的不过是几个人就一题目之合作，有的可就是有规模的系统研究。无论范围大小，只要其中步步都是做研究工夫的，便不会流成"官书"的无聊。所有这些集众工作的题目及附带的计划，后来随时布白。希望社会上欣赏这些问题，并同情这样工作的人多多加以助力！果然我们动手动脚得有结果,因而更改了"读书就是学问"的风气,虽然比不得自然科学上的贡献较为有益于民生国计,也或者可以免于妄自生事之讥诮罢! 我们高呼:

一、把些传统的或自造的"仁义礼智"和其他主观,同历史学和语言学混在一气的人,绝对不是我们的同志!

二、要把历史学语言学建设得和生物学地质学等同样,乃是我们的同志!

三、我们要科学的东方学之正统在中国!

中央研究院历史语言研究所筹备处

中华民国十七年五月　广州

(原载 1928 年 10 月《国立中央研究院

历史语言研究所集刊》第一本第一分)

附录:《语言历史学研究所周刊》发刊词①

各种学问到了现在,都有他应循的轨道。这种轨道并不是学术界上的无理的权威,强迫人家去服从的;而是这数十百年来许多学者苦心孤诣地推求出来,凡是有理性用的人去研究这项学问时不容得不遵从。我们生在此际,应该永远想着: 这个时代是一个怎么样的时代? 我们研究的学问有怎么大的范围? 我们向那里寻材料？我们整理学问的材料应当用怎么样的方法？能够这样，我们自然可以在前人的工作之外开出无数条的新道路，不至拘守前法，不能进步。

语言学和历史学在中国发端甚早，中国所有的学问比较成绩最丰富的也应推这两样，但为历史上种种势力所缚，经历了二千余年还不曾打好一个坚实的基础。我们生当现在既没有功利的成见，知道一切学问，不都是致用的。又打破了崇拜偶像的陋习，不愿把自己的理性屈伏于前人的权威之下，所以我们正可承受了现代研究学问的最适当的方法，来开辟这些方面的新世界。语言历史学也正和其他的自学科学同目的同手段，所差只是一个分工。

现在国立第一中山大学设立语言历史学研究所，给予我们以研究工作，我们对于这个机关抱有很大的希望。我们要打破以前学术界上的一切偶像，屏除以前学术界上的一切成见！我们要实地搜罗材料，到民众中寻方言，到古文化的遗址去发掘，到各种的人间社会去采风问俗，建设许多的新学问！我们要使中国的语言学者和历史学者的造诣达到现代学术界的水平线上，和全世界的学者通力合作！这一种刊物是达到我们希望的先导，我们祝颂他的生命的逐渐发展，他们成就的逐渐增高！

校内外的同志们，请给我们以助力和匡正！

（原载 1927 年 11 月 1 日《国立第一中山大学
语言历史学研究所周刊》第一集，第一期）

---

① 编者注：此文发表时未署名，有关作者现有两说：一为傅斯年，一为顾
颉刚。编者以为两人商议，而由顾颉刚执笔的可能性较大。故将此文
附录于此，以裨参考。

考古学的新方法

　　今天(11月19日)所讲的题目,诸位大概已经知道了。这个题目,虽然很平常,但是所讲的事实,却是很重要,尤其是研究历史的人应当特别注意。

　　考古学是史学的一部分,这个部分与其他部分不同,因其与自然界有关;与地质学是不能分开的,如离开了地质学,考古学就失其效用,考古学就根本不能成立的。所以考古学在史学当中是一个独异的部分。

　　所谓方法,无所谓新旧。所谓新方法,不是在好高,不是在务远。假定这个方法,用来可以得到新的知识,就是好的方法。若是用来得不到新知识,即不可靠,就不算是好的方法,也就不是新的方法。一时代有一时代的变迁,一时代有一时代的进步,在转换的时候,常有新观念新方法产生。以方法为抽象的东西去讲,本无所谓新旧之分了。

讲到考古学的本身,及考古学的事情,须注意下列各点:(一)历史这个东西,不是抽象,不是空谈。古来思想家无一定的目的,任凭他的理想成为一种思想的历史——历史哲学。历史哲学可以当作很有趣的作品看待,因为没有事实做根据,所以和史学是不同的。历史的对象是史料,离开史料,也许成为很好的哲学和文学,究其实与历史无关。(二)古代历史,多靠古物去研究,因为除古物外,没有其他的东西作为可靠的史料。我国自宋以来,就有考古学的事情发生,但是没有应用到历史上去;盖去古愈近,愈与自然界接近,故不得不靠古物去证明。

古代史的材料,完全是属于文化方面,不比现代材料,多可注意于人事方面,因为文化史,特别是古代史的着意点,不是单靠零碎的物件,一件一件的去研究,必定有全部的概念方可。用一件一件的东西去研究,固然有相当的结果,所得究竟有限,况其物的本身,间有可怀疑之处,所以应当注重整个的观念。譬如在两千年后,在地下掘得现在所用的火柴,各处有各样不同的见解,就是所代表的文化不同;在欧洲是表示文化的发明,在中国是表示文化的接触,在南洋群岛是表示文化的进步。同属一物,在各处所表现的意义,就各不相同;如后来不以全体的观念去研究,就不能得到很多的意义,和普遍的知识。所以要用整个的文化观念去看,才可以不致于误解。

我们大概都可以知道,古代历史多不可靠,就是中国古史时期,多相信《尚书》《左传》等书,但后来对于《尚书》《左传》,亦发生怀疑,不可信处很多很多,于是不能不靠古物去推证。中国最早出土的东西,要算是钟鼎彝器了。周朝钟鼎文和商代彝器上所刻的文字去纠正古史的错误,可以显明在研究古代史,舍从考古学入手外,没有其他的方法。在光绪末年以前,尚无人注意到发掘古物;就是有的,亦无可考。在光绪末年河南安阳(彰德)西北,洹水以南的小屯,有甲骨发现,甲骨上刻有卜辞。最先得者为商人刘铁云①。他虽搜罗的不少,但是以龟甲为古董,所以没有什么贡献。其次得者就算是孙诒让了。他把甲骨文考订出来,断为商朝古物;他考订的成绩,足与钟鼎相印证。再其次为罗振玉、王国维二人。罗振玉收有一万多片,他的著作,有《殷虚书契考释》等书。王国维更应用于历史方画,确有不少的贡献,如对于帝系文字,有极大的帮助:如王恒、王亥,为《史记》上所无,现在已把他补正;又如商代世系表上外丙之外字系讹误,又已把他修正了。所以我们研究古史,完全怀疑,固然是不对的;完全相信,也是不对的。我们只要怀疑的有理，怀疑的有据，尽可以怀疑。相信的有理有据，也尽可以相信的。要是这样，就不能不借重考古了。

我们中国考古学家，还是用旧法整理，已有这样发展和成绩（所谓旧方法只限于陶器）。若用新方法去考察，所得当不止此。首用新方法的人，为瑞典人安特生（Anderson），完全用近代西洋考古方法去研究。在奉天发现史前时代的人迹；在河南渑池仰韶村发现石器铜器；在甘肃洮县也发现了不少的古物，这个地方所发现的，较其他地方更为重要。安氏说其所发现的遗物，最早时代在七千多年以前，最晚也有三千多年，多是些新石器时代的东西，铜器也有少许。在河南方面，所发现的铜器是很进步的。此外法国的教师，在河套地方，也发现旧石器时代的遗物。

中国人考古的旧方法，都是用文字做基本，就一物一物的研究。文字以外，所得的非常之少。外国人以世界文化眼光去观察，以人类文化做标准，故能得整个的文化意义。最近外国人在亚洲新发现的古物有几处，如印度西北部和小亚细亚，都有发现。最重要的，要算是在里海与黑海之间安奴（Auau）地方所发现的六七层的陶器了。这是很有趣味的一件事，因为这些古物，能表示各时代的文化。不过他们所研究的观点，在普遍的方面，所以对西洋文化无关的东西，他就不注意。在中国的外国考古学家，对于纯粹代表中国文化的,他们不注意,他所注意的,是在中西文化接触的产品。这是他们特别的地方,也是他们远大的地方。

陶器是最容易流传下来的,所以被发掘的陶器居多,我们就可以用掘出的去参订历史。用陶器考订历史,有三种便利的地方。

1. 易于保存——陶器不容易破坏,所以能在上古遗传下来。

2. 时代易分——陶器有时代性,一个时代有一个时代的陶器,我们可以因陶器的区分而为时代的区分,这是最容易最妥当的办法。

3. 变化很快——陶器是因时因地而变的,并且因日常所用,变化很快。

我们从陶器的变化就可以知道古代文化的变迁,所以沙锅陶器等等,是研究古史唯一好史料。安奴地方的开掘物中有带彩色的陶器,花纹很大,不外红黑白三种,为中国所无;在中国河南奉天甘肃各处,也有带彩色的陶器。日本人在朝鲜也发现相同的东西,但是花样不同,因此可以证明史前安奴、朝鲜、中国各民族的生活及其变化。

安特生的考古方法,确实是比中国人有进步,所得的有趣味的材料,亦为不少;但是他的实际工作甚多可议之点:(一)不能利用中国的材料;(二) 走马看花,不能充分的考验;(三) 粗心挖掘,随便毁坏;(四) 如掘不得,即随便购买。关于购买一层,最不可靠,因为不知道他的来源,不如亲自掘出来的较为确实可信。把掘出来的考订完竣,再把买来器物做个比较,是不能把买来的当作材料的。安特生对于考古的功劳,着实不小,但是他对于甘肃一带的古物,因发掘时的不细心而毁坏去的,却也是不少。

我(傅先生自称,以下皆仿此)在前两年,同几个同伴的到河南殷墟去了一次,想切实的研究一下,但有几种困难:一、前人已掘出不少,所剩的都是零碎不全;二、不是在短时间内所能办到的,因此没有得到什么大的效果。

我想考古学与人类学有关,所以于古器之外,应特别注意人骨之测量,再根据比较法来推测当时人类之形状与其变化。所以研究年代学(chronology)有两种方法:一种是比较的(relative);一种是绝对的(absolute)。先用直觉的,绝对的,定个标准时期,然后依照这个时期的东西,去推定其他地方的所发现的古物,是在这个时期以后,或在以前,因此年代的前后,也就弄清楚了。

考古学上最难定的是绝对的时期。而殷墟是考古学上最好的标准时期,便于研究的人去比较:因为这个时期,是史前的一个最后时期,以这个时期的人骨做标准,去比较其他地方所发现

的人骨，来定他们的时代先后，可以知道人类的演进是怎样；同时
汉殷墟发掘的陶器做标准，推出其他地方的陶器变更情形，及其
时代关系，可以断定其时文化是怎么样。又用比较的方法，并可
以证明安特生所考据的，是否有误；中国向来所传说的，何处是
误。这种工作，是最切要而最不容易的工作，总希望在二年以内，
可以成功，用具体的著述报告出来。

　　最近发现唐宋时代及唐宋以前的房屋，直隶各处，都有发现。
房屋的发现，却是为安特生所未曾注意，未曾做到。安氏以为古
代人类在山洞中居住，或在森林里憩息，是没有房屋的；因为当时
发现古代石器时，并没有屋子这样东西。后来无意中发现一个商
朝的屋子，确是冶金的地方，地为长方形，屋子里面比外面要低一
米突，一层一层的向下，在地上仍可以找到未熔化的铜条、碎金、
有花纹的镶金和极薄的金叶等等。以镶金来说，可以证明商鼎是
镶金，确实是不错的。商朝是铜器全盛时代，所以兵器也很有进
步。刀箭都是用铜制成的，我们现在尚可以发现商朝骨制的箭
头，是平时用作练习的，比欧洲古代所用箭头，要利害多了。因为
箭头下部两旁，制有倒齿，射进人的身体的时候，是拔不出的。若
是箭头配有毒药，射到人的身上，立刻可以致人死命。欧洲所发
现的古箭头如𝑃形，殷墟所发现的商代的古箭头如↑形，所以我说

商代的兵器,要比欧洲进步(记者按甲骨文矢字作 ,像镞,亦可为商朝箭头像 形之一证)。

这个时候的陶器极多,但是没有带彩色的,多属于纯纹的陶器,足以代表商代文化的特点。陶器之外,有不少的兽骨,兽骨的种类,有野马、野鹿、牛羊等等,猪骨很少,可以证明当年此地尚属游牧民族的地方,是毫无疑义。因为农业发达的地方,家畜也必繁盛。猪是家畜中的重要部分,如果当时是农业社会,当然猪骨存留下来的一定很多。所以断定此地与曾经发现过多量的猪骨的地方的民族情形不同,文化也就不同了。这个时候已有交易,我们曾经发现过当时所用的贝,每只上有小孔,可以用绳线穿起来的样子。此外又发现商代的衣冠形式,以及发镇(为压头发用的)等项,可以证明当时"衣裳之治"。当时的民族,决非断发民族,是毫无疑义的。种种发现的中间,尚有可以使我们注意的地方有两种:

一、铜器模型——在古代的坟墓中,掘出许许多多的铜器,制造亦很进步。铜器模型,是占这些铜器中间一大部分。

二、安葬方法——古代葬事,是不用棺椁的;安放的部位,有伏有立,有侧有偻,却是没有仰的。这是很奇特的一件事,足以耐人研究的地方。

殷墟所发现的东西,尚不敢断定完全是商代的,或许也有些周代的在里面,所谓之商,是商朝的末年。因纣与文王是同时的人,纣都彰德(即今安阳),文王是常去朝拜的;因为他们同时,所以分定商周是最难的一件事,只有待将来遇有机会再去考证(记者以个人的推测,在殷墟发现周的东西,也有可能的事实。不外下列三种原因:一、据地质学家说,地层也时有错乱的,如果殷墟地层是错乱的,在殷墟发现周朝古物,是可能的事。二、是周所贡的方物,因为文王三分天下有其二,以服事殷,于此已可见周之文化所及,范围广大。况商朝把周所贡的东西,混在自己的东西以内,也是可能的事。三、纣囚文王于羑里,羑里是在彰德[今安阳]与朝歌[今淇县]之间,是包括在商都以内的地方。自从文王囚于羑里,他的臣子家人,常去探望他,因此把周的东西带到商都去,也是可能的事)。

殷墟的地层,最深的殷,在第四层;第三层是隋,第二层是唐,第一层是明。中间有断了不少朝代,这不过是一种显著的提示,并不是说丝毫不爽的分期。殷代文字的寄托,多在甲骨文之上,已是毫无疑义的。所刻的甲骨,只有两种:一种是牛的肩胛骨,一种是龟的腹甲。龟甲多刻卜字形(记者按:龟甲用火灼所得的裂纹,名之曰兆,兆有多种;如卜、丶、卜、丫、卜、丫等等,可以证明龟甲所刻,不一定卜字形),凡是君主有疑惑,或是国家有大事不易决定的时候,将龟甲用火烧之,那末没有着火的一面,必定因刻痕而拆裂,由裂痕向上向下,以决定凶吉。同事董君,专门研究龟甲,考订文字,用新龟甲去试验,是否照所说的一样:不久当有报告出世的,无须我细说。

有人说龟甲上所刻的文字,行列是颠倒错乱,其实他没有懂得原来用意,就以偏盖全。这是不对的,文字的方向,向上向下,向左向右,是看刻在什么部位而定,并不是随意乱刻的;不能以片面的认识,就说对象错了。我们要从全部的考古学研究起来,不能抱残守缺,否则就犯以上所说的毛病;我们要用全副的精神,做全部的观察,以整个的文化为对象去研究,所以必比墨守陈规专门考订文字要多的多。所谓新方法,不过如是而已。今天所讲的,并没有什么特别的见地,不过把经过的事实略略的叙述了一遍。因为来去匆匆,缺乏时间去预备点材料,只就忆想所及,为诸君道之:挂漏之处,尚请听讲诸君原谅。对于考古学的讨论,不久当用文字发表。

这篇演讲稿子,没有经过傅先生修改,凡有漏误的地方,概由记者负责。再者傅先生讲演的时候,并画了许多古物图与地图,

不能一一把它绘在记录当中,使讲演更加明显,应向傅先生道歉,
更应向读者申明的,记者附识。

十八年十一月十九日　记于致知堂

（原载 1930 年 12 月《史学》第一期）

---

① 记者按：刘铁云名鹗,镇江人,天资聪颖,虽好学而不就范。精晓人术,
尤长于治河。《老残游记》,就是他在治黄河的时候做的。其品行恶
劣,人多不愿与之交接;他所交游的,都是一班浮荡的少年。后来以岐
黄术游上海,但是无人过问,乃丢去医生不做,去做生意,把资本蚀完
了回家。后投效到吴恒轩面前治河,颇有效验。后又到北京计划建筑
津镇铁路未成;又谋开山西铁矿,同外国人订约,与外国人往来,用外
国人款项,所以当时人都称他为汉奸,几乎被捕正法。在联军入都的
时候,米粮缺乏,他从俄人占据的太仓地方,用贱价把米买回来卖给老
百姓吃。后来国事平定,有个大臣控告他私售仓粟,判他从军到新疆
去的罪,他也就在新疆死了。他家中所藏的甲骨,多半为潍县范姓估
人买去,罗振玉又在范姓买得甲骨不少。刘铁云的事实,《雪堂丛刻》
内有一卷名《五十日梦痕录》,写的很详细。傅先生说刘铁云是商人,
大概是指他在上海失意的一段事实。

国立中央研究院历史语言研究所十七年度报告

第一章　历史语言研究所设置之意义

中央研究院设置之意义，本为发达近代科学，非为提倡所谓固有学术。故如以历史语言之学承固有之遗训，不欲新其工具，益其观念，以成与各自然科学同列之事业，即不应于中央研究院中设置历史语言研究所，使之与天文、地质、物理、化学等同伦。今者决意设置，正以自然科学看待历史语言之学。此虽旧域，其命维新。材料与时增加，工具与时扩充，观点与时推进，近代在欧洲之历史语言学，其受自然科学之刺激与补助，昭然若揭。以我国此项材料之富，欧洲人为之羡慕无似者，果能改从新路，将来发展，正未有艾。故当确定旨趣，以为祈响，以当工作之径，以吸引同好之人。此项旨趣，约而言之，即扩充材料，扩充工具，以工具之施用,成材料之整理,乃得问题之解决,并因问题之解决引出新问题,更要求材料与工具之扩充。如是伸张,乃向科学成就之路。为此祈求,现拟次第举办下列事件:

甲,助成从事纯粹客观史学及语学之企业。

乙,辅助能从事且已从事纯粹客观史学及语学之人。

丙,择应举之合众工作次第举行之。

丁,成就若干能使用近代西洋人所使用之工具之少年学者。

戊,使本所为国内外治此两类科学者公有之刊布机关。

己,发达历史语言两科之目录学及文籍检字学。

第二章　筹备处时期之工作

十七年三月至九月,为筹备时期,筹备处设在广州,举办下列数事:

甲、安阳调查

民国十一年秋,洛阳城东三十里故城之南,有魏正始三体石经残碑大小两石出土,惊动一时;于以知河阳岸崩沉溺之说不可尽信,而洛阳故都,实有可以发见大批石经之望。本所筹备处成立时,即托通信员董作宾往勘,董君行至白马寺,阻于土匪,不能前往。据其所闻,十一年三体石经出土之故事,及所在地,与向时所传小异。此事后当再往探勘,果上次出土处为太学故址而非后人所移之处,则发掘可望大有所得矣。又安阳县之殷故墟,于三十年前出现所谓龟甲文字者;此种材料,至海宁王国维先生手中,成极重大之发明。但古学知识,不仅在于文字;无文字之器物,亦是研究要件;地下情形之知识,乃为近代考古学所最要求者。若仅为取得文字而从事发掘,所得者一,所损者千矣。安阳龟甲文字,近尚陆续出土;本所欲察其究竟,即托董君前往。董君于十七年八月至安阳,经探察后,始知罗振玉所称洹阳宝藏搜采一空者,实系虚语。今春有多人在小屯即出土地左近大肆打探,翻获甚多,为其地美国教士明义士买得。如不由政府收其余地,别探文字以外之知识,恐以后损失更大矣。董君于 10 月间先作小试之发掘,以决后来可大举否。此试验为期仅二旬,先测四围地图,自洹河岸至小村之南,约一里余,所得结果如下:

(一)村外之地,似已有多处毁坏;残片当见,而大层绝无。村中空地,今春亦被人发掘,但村南尚有可采;若收买村居,必有大获。

(二)此次采掘,共得有文字之整碎片计七百余,无文字之骨亦甚多;错乱安置,并无次序。其采得较多处,乃在水流之旋涡,并非原置骨处。不知罗振玉大获时，地下情形如何，当时不知注意及此，损失大矣。

（三）出龟骨之地域，南北二里，东西一里半，断非当年储藏所。其零乱参差，至于如此，乃水流冲散之故。不知当时储藏所，是否即罗振玉氏挖探之区。如统计其出土形势，或得当年水流之向，可因之以求当年地下形势矣。

（四）非文字品所得不少，待整理后，方能报告。有字品中，已发见数个未曾见过之字。

（五）发见大批无字骨之处，有未锯者，若当年材料场然，其旁则已为人掘毁。然此处或可指示当年地层也。

约言之，龟甲文字虽大致未必可多得，而其他知识，必含甚多之材料。如将小村收买一部，在其四周仔细探察，或可得到殷墟之大体。此次初步试探，指示吾人向何处工作，及地下所含无限知识，实不在文字也。

乙、云南人类学知识调查

本所与中山大学协同派史禄国教授赴云南调查彼处人类学工作大略情形，以便后来派训练成就之助员前往就地长期工作，并于便中在省城作大量工作，兼至滇东熟猓猡区域一行。助理员杨成志随史君往。史君至云南省城后,因土匪未清,东行未得政府许可,而北行经巧家以至四川边境则可随孟军长前往;于是杨君担任北行一路,其任务为习猓猡语,寻其民物知识,史君则在昆明量得自三岁至二十二岁之学生一千二百三十八人,又兵士六百二十七人,罪犯一百三十人,所记点由三十三至十六,详细类别;除学童外,皆记其县村;并得人类学照片一百五十余。此为史君研究南方中国人发育问题之一部。又于昆明城外新移来之猓猡中,记其读音,及作一较短之字集,此须交付后来在猓猡中长期工作之助员,继续工作之。史君此行,以 7 月 31 日至昆明,10 月间返粤,来往不过三阅月耳。又本所同时委托特约编辑员容肇祖同往,接洽当地人士,兼采求当地文书,归时携来书籍拓本民物学品件百余事,有一部分乃自安南来者。

丙、泉州调查

本所托编辑员黄仲琴往泉州,试作初步之搜集材料。黄君至泉州,匪患极炽,不能往乡;乃嘱工在各处拓碑照像,及搜集书志品物一百余件。泉州在中世纪之地位,及其现在物品之多,固值得将来一大调查也。黄君此次发见一种阿拉伯文石刻,已拓出,当托识阿拉伯文者订读之。

丁、川边调查

助理员黎光明,系四川灌县人,托其往川边作民物学调查。黎君于 8 月底由上海启行,9 月底至成都,12 月更西行,经灌县、汶川、理番、茂县,对于沿途之羌民、土民及杂谷人等,均有调查。不幸至叠溪时,为松潘战事所阻,同行者又多患病,因退回成都。3 月 20 日,闻松潘战事已了,遂复起身,至 4 月 12 日直达松潘,即以其地为中心点,四出调查西番及猼猓子人等之民情风俗,至 6 月 4 日完毕,回成都,所得材料正在整理中。

第三章　本所在广州时工作情形

去年 10 月,筹备处既已结束,本所正式开始。因南中富于方言民族诸科材料,遂以一部分设于广州;又因史料在北平最富,故别将一部分设于北平;当时拟定次第设立八组,以事为单位,故组别较多;情形如下:

甲、史料学组

此组由研究员陈寅恪在北平组织之。历代官修史书,不甚足凭,而私人所记,每取传闻,又多失实,后来史学,只应是史料整理学而已。故史料保存宜早。陈君拟先利用在北平可得之史料,整理清代史中数重要问题。自去年10月，即从事于此。又明清内阁大库档案落在私人手者，亦于此时开始接洽购回。此外陈君工作，尚有考定蒙古源流，及校读番藏等。

乙、汉语组

此组由研究员赵元任主持之。吾国音韵学，本至发达，然为审音之工夫所限，每以考据为惟一之工具，而音韵学等于韵书学矣。韵书研究，本仍应尽力从事，惟韵书中部类分合，单字出入，不应但为统计工作，须再加审音之功，乃为得之。此组工作，类别如下：

一、方言调查　在各地方音变化助辞变化等尚未深晓之前，汉语学中其他工作，诚感艰难，恰如中国植物动物系统学之知识未充实时，其他生物学研究受限制也。此期中赵元任在广东广西省内调查粤语客语两类音变及助词等事，稍涉及南海沿岸语类；今年二月，初步调查结束，所得材料，整理需时，盖一日所得之材料，每需数日整理之。预定明年夏，再为北闽及南赣语类调查之计。又凡与研究所有关涉，及研究所可与商榷之士，均请其各就自己之方言，审其音素，记其语变；已动手者有四处。

二、各方言之单研究　每个方言，均有其独自研究之价值。

一字之源流，一语之由来，方音系统与韵书及其他方言之关系，皆每个方言中应研究之事。必若干方言研究有条贯，然后汉语统纲，可建筑于稳固的基础之上。如此成就之汉语系比核语学。乃合于近代比较言语学之要求也。研究员罗常培习粤语，兼分头托人搜罗粤语材料。

三、韵书研究　上述甲项为方言横的研究，乙项为方言纵的研究，而韵书研究，为汉语史之基础，由研究员罗常培任其事，罗君作《韵镜》诸书之审音及宋元等韵说与明清等韵说之演变。助理员黄淬伯君，继续其一切经音义之反切研究。至于宋元明之音变，除整理此数代韵书外，更应以词中所用韵曲中所用韵（非各种有标准性之词韵曲韵）实核之。歌谣及其他民间文词中用韵情形，则由民间文艺组集合材料。

丙、文籍考订组

此组尚未办。

丁、民间文艺组

此组以研究员刘复为主任，其工作大致如下：

规定民间文艺之范围，为歌谣、传说、故事、俗曲、俗乐、谚语、谜语、缩后语、切口语、叫卖声等。凡一般民众用语言文字音乐等表示其思想情绪之作品，无论有无意识，有无作用，均属之。

北乎孔德学校所藏蒙古车王府曲，已着手借抄。

右项曲本，随抄随校随作提要，由刘复、李家瑞任其事，拟仿清黄文旸《曲海总目提要》之例，汇为《车王府俗曲提要》一书。

此项曲本音乐上之研究，由郑祖荫、刘天华任之。

常惠十年来所搜集之现行俗曲七百余种：已商请让归本组，由李荐侬分类编目。常君仍继续搜集。其属于北平者，常君拟另行提出，作统系的研究。是项曲本，由刘复、李家瑞作提要，将来汇为现行《俗曲提要》一书。其音乐上之研究，仍由郑祖荫、刘天华任之。

前北京大学歌谣研究会征集所得之歌谣，计万余首，由李荐侬担任抄一副本，用卡片录抄，每片一首，俾便分类。将来本组有所搜集，亦随时按类编入，希望在数年之内，能造一极可观之全国歌谣总藏。

十年来，国内所出民间文艺之书籍，或散见于报章杂志中者，由常惠、李荐侬担任调查购抄，以期一无遗漏。

宋元以来小说及曲本中俗字，由刘复、李家瑞搜集比较，期于短时期内，成《宋元以来俗字谱》一书。

郑祖荫、刘天华二人于前述工作外,兼研究北平之叫卖声,及平苏婚丧乐之比较。

戊、考古组

本组主任,由研究员李济担任。李君去年11月返国,闻本所同人谈及前者董作宾调查安阳,决定可以大掘等语,颇愿一往视察;而本所以李君前次发掘西阴村,纯用近代方法,如请其主任以后安阳发掘事,必有异常之成绩;遂约定一切。李君于12月1日至安阳,往返两周,决定次春发掘。

己、汉字组

关于此组学问,中国至为发达,本所从事于此,事业既大,不可不有长期之准备。目下仅试验此组附属之经籍词典,其意义如下:制作包罗全部汉语历史之字典,目下尚未成熟,一则各部分方言尚未整理,二则汉语与其观属语如暹罗西藏、缅甸等之比较言语学的关系,尚未明了,蘧作全部词典,既不识其源,又未尽其流,纵使成书,恐未能如牛津格里姆兄弟诸字典之地位,遑论过之乎? 今只有先作其一部分;然此一部分,亦大举也。方言研究中随时为每个方言词与之准备。若经籍一门中,则《经籍籑诂》并不充足，《说文通训定声》更嫌狭小，若集合唐以前一切及见之字，及其一切应用，并每字一切解释之义，旁及标声，兼收形体，亦是一番事业。兹拟以卡片式抄写唐以前一切文籍；字之每一用处及每一解释，均入一片。待此长篇成后，逐字分析之，可成《经籍词典》一书。在此等钻研工作中，必生若干其有关系之副产品，如字形、字义、成语、古方言、律吕、制度、名物、版本等考定，随时可有贡献。此事由特约研究员丁山提议及计划，仍由丁君主持之。11月中工作已开始，在粤各研究员、编辑员、助理员皆每人分担一种经籍，逐字检点，由书记钞之。

庚、人类学民物学组

此组于本所在粤开始时，未请定主任，其人类学工作室事，则史禄国任之。去年五、六两月，史君在广州量男女学校儿童，自三岁至二十一岁者二千二百十二人；所量者十三点并记其牙齿及他种特征。此项材料，须数月统计。方可完竣。此研究之题旨，为南部中国人身体发育问题，此其一部也。史君暑假在滇工作，已如上节所述。返粤后，于今春开始量驻广州国军兵士，共量二十四点，兼记其别样可注意处，及其生长之县名村名。嗣因军队调动，工作停止。至民物学一部分，已陆续购得广西、云南、安南各项服饰用物,由特约研究员辛树帜、特约编辑员容肇祖两人继续搜集。

辛、敦煌材料研究

此组由研究员陈垣主持之。敦煌材料,藏于外国者甚多,巴黎、伦敦尤便观览;本所拟派编辑员佘永梁赴巴黎从事工作。是种宝藏,零散各处,多未整理;手抄影照者,亦多非系统工作;即就巴黎草目论,误处缺处犹多,其他更去整理就绪远矣。若能编刊一种确实目录,即是一大工作,何况逐篇校去,问题无穷乎! 此项工作之将来,如能充分发展,必大有造于中国史学及文籍校订学之各面也。

第四章　迁　移

本所之设于广州,其意义已如上章所述;自史料组工作必在北平之后,约聘诸君,多在北平,分所分量,竟有超过本所之势。于是迁移之义起,结果全体主迁北平,其理由如下:

一、历史语言研究所之发达,须比较的接近材料。在语言学上,广州、北平各有其优势;在历史学上,则以北平为最便。

二、历史语言研究所之发达,须有图书馆资助。此时本所无力自办一适宜之图书馆；欲就北平图书馆参考，亦以移北平为便。

三、研究所之业，必在学者聚集环境闲适之所。就此一点，亦以设于北平为便。

于是决定，除工作之因地方性不可离粤者仍留广州外，一体迁往北平，向外交部商得北海静心斋为所址，于6月5日移入，布置一切，大体就绪。此一迁移，费时费力至大；然因属于事务方面，不涉研究本体，故不详载。

本所同人，迁北平后，一致集中，于是作根本之改组，以冀事半功倍；遂决定下列方针：

一、所外工作，一致取消。史禄国君在粤之件，以至旧有材料整理工作完成为止；成后或亦迁北平。

二、凡在二年以内未能期有成效之工作，暂停止之。

三、将原来以事业为单位之组取消，更为较大之组；目下先设三组：

甲，第一组　史学各面以及文籍校订等属之。

乙，第二组　语言学各面以及民间文艺等属之。

丙，第三组　考古学、人类学、民物学等属之。

并推定陈寅恪、赵元任、李济为第一、第二、第三组主任。

四、以后发展，侧重专任。

第五章　本所移北平后之工作

第一组

一、编定藏文籍敦煌卷子金石书等目录。

二、整理明清内阁大库档案。

三、研究历史上各项问题。因史料上的关系,暂以甲骨文金文为研究上古史的对象;以敦煌材料及其他中央亚细亚近年出现之材料,为研究中古史的对象;以明清档案为研究近代史的对象。

藏文籍目录,由本组主任陈寅恪约同助理员于道泉编纂。敦煌材料目录,研究员陈垣旧稿已就,但须改定清缮。金石书目录,已约定特约研究员容庚编撰。上古史方面,编辑员徐中舒已拟定关于古民族古器物方面的几个题目,着手搜集材料。至于敦煌材料有关之壁画,仍由助理员赵邦彦继续研究。又北平历史博物馆,承教育部拨归本院,经本所勘得该馆午门西南角楼上房屋,如作整理档案之用,最为相宜;因派编辑员徐中舒、书记尹焕章,移运北平遂安伯胡同、顶银胡同、天津谦信货栈三处档案,排日在午门楼上整理。又本组已购得关于明清史料之参考书约二百余种。

第二组

一　研究方面

一、研究员赵元任,关于瑶歌及两广方音之整理,正在进行。又发明一种字母式声调符号(tone-letter)。亦正与万国语音学会通讯讨论。

二、研究员罗常培,关于韵镜切韵指南诸本上之校勘,前在广州已经开始,以粤中书籍有限,须在北平参订后,始能结束。又所作明季耶苏会士在音韵学上之贡献及广州语词汇等,亦均在进行。

三、研究员史禄国所作猡猡方言研究,根据去年赴滇实际调查之结果,于不带音 1 音〔1〕颇多讨论。

四、助理员黄淬伯所作《慧琳一切经音义反切考》声纽一部分,即将付刊。

五、特约编辑员赵万里校勘《广韵》,已开始工作。

二　设备方面

一、拟成立实验语音室,正式规划中。

二、拟制定国际音标铜模及打字机。

三、关于语言学、音韵学、语音学各种书籍杂志,陆续分期添购。

附件(一)甲　瑶歌四首

研究员赵元任,去冬在粤,曾记瑶歌音百九十七首,其中前九十首,系用蓄音机蜡筒记下,以便随后细为分析。蓄音机之功用,与其他语音实验仪器有同样之利弊,即凡关于辅音之部位者,最不易辨,其次为辅音发音方法,其次为元音,而最易辨者为声调。其长处短处,适与人耳相反。故既有直接听得之记载,复用蜡筒上所记之音,反复听之,可得比较准确之记音。兹将首四首录之如下。瑶歌音韵之规则,已大致整理就绪,不日可全体发表。

附件(一)乙　两粤方言调查情形

研究员赵元任,自民国十七年十一月至十八年二月,曾在两粤作初次之方言调查,其范围东至潮汕,西至南宁,北至乐昌,南至中山。计在当地记音及就近觅人记音者,共有下列诸处:

潮安	东莞	恩阳	广州	桂林
贵县	揭阳	中山	乐昌	廉州
南宁	三水	韶州	新会	始兴
台山	文昌	梧州	桂平	江口
梅县	五华			

此二省方言分布,通常谓有广府客话潮汕三系;惟事实不如是简单。一方面言,如韶州本地话,桂西平话,不属上述任何系;即四

邑话在音韵系统上虽与广府系相近,而其实际之音值,如端透变影晓,精清变端透,实与广州相差甚远。

调查之程序,以预备之调查方式表为据即

1　　　三〇〇〇例字表

2　　　{ 甲　声母韵母
　　　　　乙　声调
　　　　　丙　语助词故事

3　　　常用词汇

此等表格,视前年调查吴语用者较详,用时视每处之方言重要与否而定其详略,择要提问。

调查之结果,正在整理归纳。惟标准音符字模之铸制,颇费手续,故一时未能印出。

附件(一)丙　字母式声调符号大意

中国字之声调符号,在国际音标中,本无定式。近年有人在字前加撇杠等等符号,如〔ʾi〕衣〔ʾi〕移〔ʽ,i〕椅〔ʾi〕意等等,亦不过为暂时之用;因国际音标之造法,以不加符号为原则,既用其字母。而又花点满面,殊失此制之本意。兹仿国语罗马字,以字母表示声调例,造一种字母式声调符号,分为调位(toneme)及调素(tone)两类,每号以一竖线为基本线(照算学习例。当用横线,较为通行,惟竖线与字母形式较为相宜耳)。注调位时,则以其调之代表调(typical tone)之时间音部曲线之简式(Skeleton time-pitch curve)缀之于上;调素则注于下。例如:

调位˥ 高平音位,如国音阴平。

Y 高降音位,如苏州或瑶音阴上。

ɖ 中平音位,如广州阴去沈阳阴平。

ʎ 低升音位,如广州阳上。

调素Y 如国音上声临时变阳平。

(你〔尼〕也往〔王〕往之类)

Γ 如苏州阴去临时变阴平。

(贡〔公〕巷算〔酸〕命之类)

1

日	头	初	出	三	丈	平
三	丈	四	平	云	来	遮
白	云	来	遮	遮	拎	住
天	上	日	头	正	照	兄

2

日	出	黄	黄	哥	心	乱
哥	唱	条	歌	解	乱	心
哥	唱	条	歌	解	心	乱

解	心	内	乱	放	心	宽

3

月	头	初	出	初	拎	出
哥	小	乍	来	乍	拎	来
月	头	乍	出	白	雪	挡
哥	小	初	来	帕	路	长

4

天	上	七	星	七	十	七
地	下	花	开	七	十	枝
条	条	都	系	花	开	树
问	你	合	意	折	何	枝

1

ɲutɹ tau ðo ɕuət θɑːm tɕuɲɹ peːŋ

θɑːm tɕuɲɹ ɵeiŋ peːŋ vien tɑɹ ɖixɑ

peɹ vien tɑɹ ɖixɑɖixɑ hamɹ ieuɹ

t'in tɕɤwəŋɹ ɲutɹ tau tɕuɲʎ tɕiɹuɹ viŋ

2

ɲutɹ ɕuət waŋ waŋ biɑu θiem luɹuɹ

biɑu ɕwɑŋɹ tiːu kɑ tɕɑiɣ luɹuɹ θiem

biɑu ɕwaŋ tiːu kɑ tɕɑiɤ θiem luɹɹ

tɕɑiɤ θiem li luɹɹ puŋˀ θiem guan

3

ɹɹutɹɹ tau ðo teuɤ ðo hamɹ ɕuət

biɑu θiːuɤ ðo tɑːi ðo hamɹ taːi

ɹɹutɹɹ tau ðo teuɤ pɛɹɹ buɔɹɹ tɑŋɤ

biɑu θiːuɤ ðo tɑːi ʤiːɑɹ ləuɹɹ twɑŋ

4

tˀin tɕwɑŋʃ θiet θiŋ θiet ɕiepɹɹ θietˀ

tɛiɹɹ hɑɹɹ kˀwa ɡɔːi θiet ɕiepɹɹ tɕæi

ʃuɕɑɹ iɕ̃o tiːu tiːu toŋ tɕæiʃ kˀwa ɡɔːi tɕɔuɹ

muɔɹɹ nɛi hɑɹɹ ɕiŋ ʤep hɔ tɕæi

附件(二) 研究员罗常培工作说明

一、宋元等韵书校勘

(A)《韵镜四十三转图》,赅括《广韵》二百零六韵之音,于审音上颇多裨益。今以黎氏《古逸丛书》本为底本,参校《通志·七音略》,日本元禄九年本校正《韵镜》,界浦睿龙《韵鉴古义标注》,沙门盛典《韵镜易解大全》,大岛正健《韵镜音韵考》诸书,并以《广韵》各纽逐一对照,于黎本之讹误及以第一第十一两转为开口,以第二十六第四十两转为合口诸疑问,均可订正。此事经始于本年二月四月间,略告结束。移北平后,拟以清宫所藏杨守敬诸本复校,并附以叙例及音读表,勒为一书。

(B)刘鉴《切韵指南》,删并《韵镜》四十三转为十六摄二十四图,所列字音,已非《广韵》之全;然自来讲《等韵》者,大半据此。今以《五音集韵》所附明弘治九年金台释子思宜重刊本为底本,参校明万历五年圆通如彩重刊本、清四库本、《续通志·七音略》、碧琳琅馆本及《正字通》前所附《切韵指掌》、《康熙字典》前所附《等韵切音指南》诸书,发见止摄开口齿音资雌思四等诸字,《续通志·七音略》、《等韵切音指南》皆移列一等,与《切韵指掌图》同;咸深二摄表首,《等韵均音指南》及《正字通》前《切韵指掌》皆附注干根二小字;可证元明以来〔TS〕〔TS'〕〔S〕后之〔i〕音变〔ı〕及〔M〕〔N〕两附声混用之迹。

二、耶稣会士在音韵学上之贡献

研究中国音韵学者,以无音标对照,于分析音素,审定音值两端,均感困难。明末耶稣会士,始以罗马字母拼切汉语,著为专书,颇可弥此缺憾;于后此治斯学者,有所启迪,实为近代语音史上不可忽视之材料。今取程氏墨苑中所载利玛窦文及金尼阁西儒耳目资归纳其拼音条理,以与《广韵》、《洪武正韵》及国音比较,

其异同之点,可得而言:

① 金氏二十字父(即声母)与兰茂《韵略易通》早梅诗二十字什九相合,除 4<T 尚未分化外,与国音亦无大异。

② 金氏所分五十字母(即韵母)如覃寒混用仙琰不分之类,既与《广韵》及《洪武正韵》相违,而 uan、uon 分立,ui、uei 有别之类,亦与国音不同。

③ 全浊音上声,尚有一部分未变去声,与韵书合。

④ 入声保留,但皆分配阴声,足证 K、T、P 收势已失。

⑤ 〔l〕音〔ər〕音已分化,〔l〕音一部分及〔ə〕音尚未分化。

以上诸点,可见利金二氏所据之音,与古音今音皆有出入。然二氏审音甚精,如〔k〕音因所随之韵母不同,分为 C(在 ao,u 前),K(在 i 前),Q(在 u 一类复韵前)三母,阳韵因前面声母不同,别为 iam、eam(在 l 后)两韵之类,皆有语音学上之价值。则其所拼之音,当非凭臆虚构。意当一半据王徵韩云诸人之口语,一半迁就韵书而成;所谓中原雅音,即明末之蓝青官话也。又金氏所作音韵话图,讲明反切之理,其后方以智之旋韵图,杨选杞之同然图,皆蒙其影响;虽小道,亦有可观者焉。

三、广州语词汇

西人所作广州话字典,虽有多种,而标音人各一式,难得确读,内容亦复罣漏孔多,不足征信。今汇集在粤所得材料,逐词分钞卡片,向所中粤籍同人质正;并据赵元任最近调查之广州话单字音表,注以国际音标,有字者附列其字,无字者但记其音;其有语源可寻者,为之疏通证明,不可考者,听其阙疑,不敢附会。完成之期,暂定一年。

附件(三) 猡猡方言之研究

猡猡方言,曾经法人 A. Lietard 及 P. Vial 等研究,其文大都散见于通报,惟迄今未能用严密之语言学方法分析之。研究员史禄国(S. M. Schirokogoroff)去年赴滇,在猡猡人社会家庭中居住多时,所得材料甚伙,而尤以不带音之边音(Voiceless"l")最为多见。前人向视为 Hl,或 Shl 者,皆非也。

附件(四) 黄淬伯《慧琳一切经音义反切声类考》

此篇据一切经音义反切上字系联其同类者为三十六类,每类各择其共切之字为标目。其一类中复分数系者,则择每系共切之字为一系目,分系大类之下。又以所分各系,多与切韵指掌图分等暗合,故各系先后,即依等位定之。声纽分等之法,为一二三四,与切韵一二四三之分法不同。又床禅不分,为慧琳音系特点之一,从邪有时亦混,惟相通之例不多,尚不能作为定论耳。

附件(五) 赵万里校疏《广韵》计划

《广韵》一书,传世者以泽存堂本为较善,然讹夺亦颇不乏;兹本刘毓崧校勘《汉书》之例,拟定校勘大纲如下。书成时,定名为"广韵校疏"。盖所注重者,固不仅在各本之比勘已也。

(一)传世《广韵》刻本,泽存堂本外,有江安傅氏藏北宋椠本,海盐张氏藏宋刻本,《古逸丛书》影宋本,及曹栋亭影宋刻本;宜以张氏藏本为底本,与各本细勘一过,著其异同,择善而从,如阮氏《十三经注疏校勘记》例。

(二)《广韵》者,即广《唐韵》而成,传世唐写本《唐韵》残卷,可以正今本《广韵》之讹脱者,亦时时遇之;而《唐韵》祖本之陆氏《切韵》及王仁煦《切韵》,亦宜详加比勘,以还其旧。即丁氏《集韵》及和《名类聚抄》三部经音义诸书所引之唐人《切韵》,亦可据以互校,以见异文,而诸家《切韵》佚文,亦当辑存之,入附录中。

(三)《广韵》注释中所引各书,有已佚者,宜据其他类书所引比勘之;其未佚诸书,与今本亦时有异同;且所注训诂,均出《切韵》《唐韵》,亦各有所本;宜并疏之,以求所出,如孔广陶之校《北堂书抄》例。

(四)前人疏校《广韵》,如段玉裁、王懋竑、桂馥诸氏,其说有可采者,当并著之,其未纯者,亦驳正之:如王先谦《荀子集解》例。

（五）《广韵》本文大书，校疏则双行书之，如越本注疏例。且仿一字一行本说文，以纽为单位，而提行书之。所隶诸纽字之古韵部声母，当附著眉端，以便省览。

附件(六)

附属于此组之人类学工作，现由史禄国在粤整理者，尚未接到其夏间工作之详细报告。然史君6月间来函，已言及其所编之中国南方人发育论，约四百五十六页，附表数十，8月中可以编就；其中国南方人类学第一部，12月中可以写定。

第三组

本组夏间工作，为整理安阳掘出之实物，全组人员，均不休假。其事业如下。

一编号目　此为整理各种实物最基本之工作，方法由本组各人员商订，列表施行。附表：

殷虚出土器物分类编号簿

第一册　一字甲　（2.0.0001——2.0.0049）

　　　　二龟版　（2.1.0001——2.1.0073）

第二册　三字骨　（2.2.0001——2.2.0581）

　　　　四骨版　（2.3.0001——2.3.0556）

第三册　五骨器　（2.4.0001——　　　）

六骨料　（2.5.0001——　　　）

七兽骨　（2.6.0001——　　　）

八人骨　（2.7.0001——　　　）

第四册　九贝及贝器　（2.8.0001——　　　）

十玉石器　（2.9.0001——　　　）

十一铜器　（2.10.0001——　　　）

十二铁器　（2.11.0001——　　　）

第五册　十三陶器　（2.12.0001——　　　）

十四陶片　（2.13.0001——　　　）

十五瓷　（2.14.0001——　　　）

十六专　（2.15.0001——　　　）

已编者，为字甲，字骨，无字甲，与第一次挖掘之字甲，共及一千余片。凡编号之物，均有存根，按号查考，即可知各物出土之详细历史。

二照像　本组照像设备尚未齐全，且无此项技术者，故约定阿东照像馆经理其事；同时预备黑屋，以便自照。

三绘图　小屯村所测之二千分之一图，正在敷墨，并缩小。

四机械画　凡陶器骨器之属，非见之机械画不能说明；故特约张文治君动手工作,凡整个陶器,及重要陶片,不久均可绘就。

五拓版　有字龟骨版,每件拓就三份,俾便编目及刊印报告书之用。

第六章　出　版

一、集刊　第一本第一分已印行,第二分已付印。

二、单刊

第一种	《瑶歌记音》	赵元任	已付印
第二种	《北平图书馆藏敦煌卷子目录》	陈　垣	已编就
第三种	《宋元以来俗字谱》	刘　复	已付印
第四种	《金石文籍目录》	容　庚	已编就
第五种	《刻本俗曲总目》	刘复等	
第六种	《北平俗曲选》	常　惠	
第七种	《俗乐谱第一集》	刘天华	
第八种	《诗经新论》	傅斯年	
第九种	《藏文书籍目录》	陈寅恪 于道拉	
第十种	《宋元逸词》	赵万里	

第十一种 《南方中国人之发育》　　　　史禄国

以上皆在编著中

三、专刊

(一)《安阳小屯发掘报告第一期》(已付印)。

四、史料集

(一)史料甲集(单篇之史料),第一本(编辑中)。

(二)史料乙集(成书之史料),第一种孙督师前后纪略(编辑中)。

(收入《国立中央研究院十七年度总报告》)

附录一：国立中央研究院历史语言研究所报告第一期[①]

　　本年 4 月初,先生在大学院长任时,以中央研究院历史语言研究所之设置委托斯年与顾颉刚、杨振声两先生筹备,荷承重任,不胜悚惶。中央研究院之建立本拟为国家振作科学研究,以济文物,其性质有类于欧洲国立之学院、学会,我等曷敢膺此事务。然中国致力于近代学术,为日尚短,诸科犹少伦序,学者既不众多,而名家硕学,研究为重,烦以事务,反为失之,故各申其筋力之劳,以当草创之任,容可邀人恕谅,此斯年等集思讨益,不敢不勉者也。

一、此研究所设置之意义

中央研究院设置之意义，本为发达近代科学，非为提倡所谓固有学术，故如以历史语言之学承固有之遗训，不欲新其工具、益其观念，以成与各自然科学同列之事业，即不应于中央研究院中设置历史语言研究所，使之与天文、地质、物理、化学同伦。今先生在院中设置此所，正是以自然科学看待历史语言之学。此虽旧域，其命维新，材料与时增加，工具与时扩充，观点与时推进，近代在欧洲之历史语言学，其受自然科学之刺激与补助，昭然若揭。以我国此项材料之富，欧洲人为之羡慕无似者，果能改以新路，将来发展正未有艾也。先生在此意义之下创置此所，我等亦在此意义之下敢效其黾勉之劳，故当确定旨趣，以为祈向，以当工作之径，以吸引同好之人，以敬谢与此项客观的史学、语学不同趣者。此项旨趣，约而言之，即扩充材料、扩充工具，以工具之施用，成材料之整理，乃得问题之解决，并因问题之解决，引出新问题，更要求材料与工具之扩充，如是申张，乃向科学成就之路。目前纵曰有志未逮，亦岂敢废此祈求，此意斯年已于工作旨趣书中陈其涯略。前经面呈，此不复述。为此祈求拟次第举办下事件：

甲、辅助从事纯粹客观史学及语学之企业。

乙、辅助能从事且从事纯粹客观史学及语学之人。

按,以上两事,实系以国立学术机关为名者实应负之责任,惟目前中央研究院之经费有限,历史语言研究所之设置又新,不得不限于经济的可能范围以内。

丙、择应举之合众工作次第举行之。

按,研究所工作之异于个人工作者,即在前者能合众力以为大举,后者但凭个人之才力与际会而已。今日治物理化学,固不能凭一人之力独立治之,今日治历史语言之学,亦何不然?材料寻求、工具施用,均待团体而成,故合众工作乃真研究所之工作,此非谓研究所中不办个人之工作,特谓研究所诚不能忽集众工作耳。

丁、成就若干能使用近代西洋人所使用之工具之少年学者。

按,此实后来历史语言学在中国发达命脉所系,亦即此研究所设置之最要目的。大学学生在毕业之后,不加训练,不能浚其思力、凝其兴会、开其道路,此研究所当收容有志有材为此学之少年。

以上丙、丁两项为此时本研究所之基本工作。

戊、使此研究所为中国或及外国为此两类科学者公有之刊布机关。

按,具有别择性之刊布机关,乃发达该类科学最需要之助力,异国同然,不烦举例。本所所拟发刊物如下:

专刊、集刊、史料集、民间艺文材料集、特种刊物如目下拟办之经籍字辞典等。

本所工作既特重,上述丙项,则专刊及特种刊物应为本所最要之刊物。专刊可为薄册,亦可成卷册浩繁之书,修短上并无限制。但短篇著述每有最重要之发明,故《集刊》不为次要,本所事务大端亦刊于《集刊》中。

己、发达历史语言两科之目录学及文籍检字学。

按,中国学业不发达,甚由于目录学之忽略,故前人成绩,后人不知;此地成绩,彼地不知,发达此学,甚可改其凝止性,累层凭借而筑之,乃可隆高。文籍检字学,亦是增加材料之可用性者。

以上所述非虚陈泛义,乃进行之纲领,故不刊略。

（据台北中研院史语所档案）

附录二: 国立中央研究院历史语言研究所章程

第一条　本章程依据国立中央研究院研究所组织通则第二条之规定制定之。

第二条　历史语言研究所暂设下列各组。

一、史料；

二、汉语；

三、文籍考订；

四、民间文艺；

五、汉字；

六、考古；

七、人类学及民物学；

八、敦煌材料研究。

第三条　历史语言研究所设所长一人，综理全所事务秘书一人，执行所中事务。

所长及秘书必须为专任研究员。

第四条　历史语言研究所所务会议由所长、秘书、各组主任及专任研究员组织之。

第五条　所务会议以所长为主席，秘书为书记。

第六条　所务会议职权如下：

一　审议本所基金之筹集保管方法及其他财政事项。

二　审查本所预算及决算。

三　审议本所各项规则。

四　议决本所工作进行计划。

五　议决本所图书设备事项。

六　议决著作品出版及奖励事项。

七　议决本所与国内外学术机关联络事项。

八　审查研究工作之成绩。

九　审议研究员、助理员及其他人员任免事项。

十　审议其他中央研究院院长或本所所长交议事项。

十一　所务会议于必要时得设置各项特殊委员会。

第七条　因各组不设一处,所务会议得以传函签注之法举行之。

所长因事实之需要及急切得为便宜之处置,但必须于一个月内向所务会议请求追认,如所务会议五分之三以上否决时,此项便宜处置无效。

第八条　所长秘书之下设图书员一人至三人、工程员一人至三人、庶务员一人、书记若干人、技术若干人。

第九条　秘书为事务之总负责者。

秘书考核职员之规则另定之。

第十条　每组设主任一人,由专任研究员任之。

第十一条　各组均须定有一预算。

第十二条　凡不属于各组之集合工作及研究员之工作由秘书综其事务。

第十三条　研究员得于组外作研究，其工作之性质虽属于某一组，然若不愿以此工作加入该组时，得向所务会议声明理由。

第十四条　研究员分专任、兼任、特约三类。

专任研究员应常时在研究所从事研究。

兼任研究员应于特定时间内到所工作。

特约研究员于有特殊调查或研究事项时临时委托到所或在外工作。

第十五条　专任及兼任研究员任期一年期满经续聘得连任。

第十六条　本所得酌设编辑员分专任、兼任、特约三种。

此三类之责任与待遇准用第十四条关于各研究员之规定。

第十七条　本所于必要时得置通信员其章程另定之。

第十八条　历史语言研究所任用助理员若干人，助理员之任用依国立中央研究院设置助理员章程行之。

第十九条　历史语言研究所得设研究生，其资格及选拔方法依国立中央研究院设置研究生章程之所定。

第二十条　历史语言研究所得依所务会议之议决及院长之核准设置额外研究所。

　　第廿一条　本章程得由所务会议提议经国立中央研究院核准修改之。

　　第廿二条　本章程由院长核准之日施行。

（收入《国立中央研究院十七年度总报告》）

---

① 编者注：本报告系存于中研院档案，与正式发表的《国立中央研究院历史语言研究所十七年度报告》在文字上有所差异，故附录于此，以备参考。